Ogum

Ademir Barbosa Júnior
(Dermes)

SARAVÁ

Ogum

© 2019, Editora Anúbis

Revisão:
Tânia Hernandes

Projeto gráfico e capa:
Edinei Gonçalves

Dados Internacionais de Catalogação na Publicação (CIP)
(Câmara Brasileira do Livro, SP, Brasil)

Barbosa Júnior, Ademir
   Saravá Ogum / Ademir Barbosa Júnior (Dermes). -- São Paulo: Anúbis, 2014.

   Bibliografia.
   ISBN 978-85-67855-19-6

   1. Ogum (Culto) 2. Orixás 3. Umbanda (Culto) I. Título.

14-04752   CDD-299.6

Índices para catálogo sistemático:
1. Orixás : Culto : Religiões de origem africana   299.6

São Paulo/SP – República Federativa do Brasil
Printed in Brazil – Impresso no Brasil

Este livro segue as novas regras do Acordo Ortográfico da Língua Portuguesa.

Os direitos de reprodução desta obra pertencem à Editora Anúbis. Portanto, não é permitida a reprodução total ou parcial desta obra, de qualquer forma ou por qualquer meio eletrônico, mecânico, inclusive por meio de processos xerográficos, incluindo ainda o uso da internet, sem a permissão expressa por escrito da Editora (Lei nº 9.610, de 19.2.98).

Distribuição exclusiva
Aquaroli Books
Rua Curupá, 801 – Vila Formosa – São Paulo/SP
CEP 03355-010 – Tel.: (11) 2673-3599
atendimento@aquarolibooks.com.br

Para Marcinho, meu irmão de Santo, sempre tão gentil, atencioso e solidário, muito ciente da lição do Mestre Jesus, segundo o qual se deve rir com os que riem e chorar com os que choram.

Ogum iê!

Patacori!

Axé!

Ogum

Ogum, meu Pai.
Senhor do caminho,
De trilhas e trilhos,
Proteja meu caminhar.
Senhor da porta, das porteiras, dos portais,
Que eu só passe com consciência,
Que só passe para minha vida o que me despertar consciência.
Senhor Patacori,
Aquele que corta a inconsciência
Para que a consciência brote, viceje.
Sua espada é de luz,
De vida e renascimento.
Agradeço por me ensinar
Que todo sangue é nobre
E tem a cor de sua capa.
Ogum iê!

Ademir Barbosa Júnior
(Dermes)

Sumário

Prece de Cáritas	11
Hino de Umbanda	13
Pai Nosso Umbandista	15
Credo Umbandista	17
Salmo 23 na Umbanda	19
Introdução	21
Orixá	25
Candomblé	31
Umbanda	39
Diversidade	51
Ogum	57
Cores	65
Símbolos	67
Sincretismo	71
Comidas e bebidas	77
Corpo humano e chacras	79
Elemento e ponto de força	85
Incompatibilidades	87
Ervas e flores	89
Planeta	93
Algumas qualidades	95
Registros	97

Orações	111
Reflexão sobre o corte	117
Legislação	123
Bibliografia.	127
O autor	137

Prece de Cáritas

DEUS, nosso Pai, que sois todo poder e bondade, dai força àquele que passa pela provação; dai a luz àquele que procura a verdade, pondo no coração do homem a compaixão e a caridade.

Deus, dai ao viajor a estrela guia; ao aflito, a consolação; ao doente, o repouso. Pai, dai ao culpado o arrependimento; ao espírito, a verdade; à criança, o guia; ao órfão, o pai.

Senhor, que a vossa bondade se estenda sobre tudo o que criaste.

Piedade, Senhor, para aqueles que não vos conhecem; esperança para aqueles que sofrem.

Que a vossa bondade permita aos espíritos consoladores derramarem por toda parte a paz, a esperança e a fé.

Deus, um raio, uma faísca do Vosso Amor pode abrasar a Terra.

Deixa-nos beber nas fontes dessa bondade fecunda e infinita e todas as lágrimas secarão, todas as dores acalmar-se-ão.

Um só coração, um só pensamento subirá até Vós como um grito de reconhecimento e amor.

Como Moisés sobre a montanha, nós Vos esperamos com os braços abertos.

Oh! Poder... Oh! Bondade... Oh! Beleza... Oh! Perfeição... E queremos de alguma sorte alcançar a Vossa Misericórdia.

Deus, dai-nos a força de ajudar o progresso a fim de subirmos até Vós.

Dai-nos a caridade pura; dai-nos a fé e a razão; dai-nos a simplicidade que fará de nossas almas o espelho onde deve refletir a Vossa Santa e Misericordiosa Imagem.

Hino de Umbanda

Refletiu a luz divina
em todo seu esplendor;
é do Reino de Oxalá
onde há Paz e Amor.

Luz que refletiu na terra,
luz que refletiu no mar,
luz que veio de Aruanda
para tudo iluminar.

A Umbanda é Paz e Amor,
é um mundo cheio de luz...
é a força que nos dá vida
e à grandeza nos conduz.

Avante, filhos de fé
como a nossa Lei não há...
levando ao mundo inteiro
a bandeira de Oxalá.

Pai Nosso Umbandista

Pai nosso que estás nos céus, nas matas, nos mares e em todos os mundos habitados.

Santificado seja o teu nome, pelos teus filhos, pela natureza, pelas águas, pela luz e pelo ar que respiramos.

Que o teu reino, reino do bem, do amor e da fraternidade, nos una a todos e a tudo que criaste, em torno da sagrada cruz, aos pés do Divino Salvador e Redentor.

Que a tua vontade nos conduza sempre para o culto do Amor e da Caridade.

Dá-nos hoje e sempre a vontade firme para sermos virtuosos e úteis aos nossos semelhantes.

Dá-nos hoje o pão do corpo, o fruto das matas e a água das fontes para o nosso sustento material e espiritual.

Perdoa, se merecermos, as nossas faltas e dá-nos o sublime sentimento do perdão para os que nos ofendem.

Não nos deixes sucumbir, ante a luta, dissabores, ingratidões, tentações dos maus espíritos e ilusões pecaminosas da matéria.

Envia, Pai, um raio de tua Divina complacência, Luz e Misericórdia para os teus filhos pecadores que aqui habitam, pelo bem da humanidade.

Que assim seja, em nome de Olorum, Oxalá e de todos os mensageiros da Luz Divina.

Credo Umbandista

Creio em Deus, onipotente e supremo.

Creio nos Orixás e nos Espíritos Divinos que nos trouxeram para a vida por vontade de Deus. Creio nas falanges espirituais, orientando os homens na vida terrena.

Creio na reencarnação das almas e na justiça divina, segundo a lei do retorno.

Creio na comunicação dos Guias Espirituais, encaminhando-nos para a caridade e para a prática do bem.

Creio na invocação, na prece e na oferenda, como atos de fé e creio na Umbanda, como religião redentora, capaz de nos levar pelo caminho da evolução até o nosso Pai Oxalá.

Salmo 23 na Umbanda

Oxalá é meu Pastor, nada me faltará.

Deitar-me faz nos verdes campos de Oxóssi.

Guia-me, Pai Ogum, mansamente nas águas tranquilas de Mãe Nanã Buruquê.

Refrigera minha alma meu Pai Obaluaê.

Guia-me, Mãe Iansã, pelas veredas da Justiça de Xangô.

Ainda que andasse pelo Vale das Sombras e da Morte de meu Pai Omulu, eu não temeria mal algum, porque Zambi está sempre comigo.

A tua vara e o teu cajado são meus guias na direita e na esquerda.

Consola-me, Mamãe Oxum.

Prepara uma mesa cheia de Vida perante mim, minha Mãe Iemanjá.

Exu e Pombagira, vos oferendo na presença de meus inimigos.

Unge a minha coroa com o óleo consagrado a Olorum, e o meu cálice, que é meu coração, transborda.

E certamente a bondade e a misericórdia de Oxalá estarão comigo por todos os dias.

E eu habitarei na casa dos Orixás, que é Aruanda, por longos dias!

Que assim seja!

SARAVÁ!

Introdução

Falar sobre Orixá nunca é fácil, pois o Orixá é sentido e vivido em inúmeras nuanças no cotidiano. Por esse motivo, tenho publicado livros e artigos e produzido DVDs sobre a temática dos Orixás não apenas com os instrumentos do pesquisador, mas, sobretudo, com o apoio da Espiritualidade, por meio de tantos Amigos visíveis e invisíveis. O objetivo nunca é dar a palavra final – pelo contrário, é direcionar o diálogo para sua amplitude e profundidade.

Escrever sobre Ogum é evocar proteção e defesa, atitude e protagonismo. É pedir ao grande Orixá que nos proteja com sua espada de luz contra toda energia deletéria, em especial aquela que cada um de nós projeta contra si mesmo.

Em termos de registro da tradição, da resistência, do sincretismo, do diálogo e da (auto)afirmação, muitos são os autores que produziram obras preciosas, alguns presentes na bibliografia deste trabalho.

Agradeço a Deus, aos Sagrados Orixás, aos Guias e Guardiões; ao Caboclo Pena Branca, que me mostra o caminho; à Babá Paula, à Mãe Pequena e minha "Madlinha" Vânia, que me ajudam a trilhá-lo; à Babá e também minha Madrinha Marissol Nascimento, presidente da Federação de Umbanda e Candomblé Mãe Senhora Aparecida, pela confiança e pelo

amor; a todos os irmãos da Tenda de Umbanda Caboclo Pena Branca e Mãe Nossa Senhora Aparecida, casa da qual sou filho; a Iya Senzaruban, dirigente do Ilê Iya Tunde, casa por onde passei, há alguns anos; a Sávio Gonçalves, irmão de Mucuiú, irmão de Saravá; à Mara Tozatto e Karina Andrade, amigas da Rádio Mundo Aruanda; a meus pais Ademir e Laís; a minha irmã Arianna; à querida Tia Nair Barbosa, dirigente espiritual do antigo Terreiro Caboclo Sete Flechas (Rua Almirante Barroso), de Piracicaba, aonde eu ia pequenininho (A primeira vez que vi o mar foi numa festa de Iemanjá, com o povo dessa casa.) e à querida amiga Norma Cardins, uma das responsáveis pela criação do Memorial de Mãe Menininha, no Gantois, e uma de minhas cicerones pelas ruas de Salvador (BA) em muitas de minhas passagens e estadas naquela que é uma de minhas cidades no mundo.

Axé!

Ademir Barbosa Júnior
(Dermes)

Quando Oxalá criou a Umbanda
Ogum tomou conta do congá
Olhe os espinhos da roseira, Ogum iê
Não deixe seus filhos sofrer!

(Ponto cantado de Ogum)

Orixá

    A fim de não estender muito o possível debate dialógico, este capítulo procurará apresentar uma visão geral dos Orixás sem alongar-se nas diferenças de conceitos entre Candomblé e Umbanda.

    Etimologicamente e em tradução livre, Orixá significa "a divindade que habita a cabeça" (Em iorubá, "ori" é cabeça, enquanto "xá", rei, divindade.), e é associado comumente ao diversificado panteão africano, trazido à América pelos negros escravos. A Umbanda Esotérica, por sua vez, reconhece no vocábulo Orixá a corruptela de "Purushá", significando "Luz do Senhor" ou "Mensageiro do Senhor".

    Cada Orixá relaciona-se a pontos específicos da natureza, os quais são também pontos de força de sua atuação. O mesmo vale para os chamados quatro elementos: fogo, terra, ar e água.

    Portanto, os Orixás são agentes divinos, verdadeiros ministros da Divindade Suprema (Deus, Princípio Primeiro, Causa Primeira etc.), presentes nas mais diversas culturas e tradições espirituais/religiosas, com nomes e cultos diversos, como os Devas indianos.

    Visto que o ser humano e seu corpo estão em estreita relação com o ambiente (O corpo humano em funcionamento

contém em si água, ar, componentes associados a terra, além de calor, relacionado ao fogo.), seu Orixá pessoal tratará de cuidar para que essa relação seja a mais equilibrada possível.

Tal Orixá, Pai ou Mãe de Cabeça, é conhecido comumente como Eledá e será responsável pelas características físicas, emocionais, espirituais etc. de seu filho, de modo a espelhar nele os arquétipos de suas características, encontrados nos mais diversos mitos e lendas dos Orixás. Auxiliarão o Eledá nessa tarefa outros Orixás, conhecidos como Juntós, ou Adjuntós, conforme a ordem de influência, e ainda outros.

Na chamada "coroa de um médium de Umbanda" ainda aparecem os Guias e as Entidades, em trama e enredo bastante diversificados. Embora, por exemplo, geralmente se apresente para cada médium um Preto-Velho, há outros que o auxiliam, e esse mesmo Preto-Velho poderá, por razões diversas, dentre elas missão cumprida, deixar seu médium e partir para outras missões, inclusive em outros planos.

De modo geral, a Umbanda não considera os Orixás que descem ao terreiro como energias e/ou forças supremas desprovidas de inteligência e individualidade.

Para os africanos, e tal conceito reverbera fortemente no Candomblé, Orixás são ancestrais divinizados, que incorporam conforme a ancestralidade, as afinidades e a coroa de cada médium.

No Brasil, teriam sido confundidos com os chamados Imolês, isto é, Divindades Criadoras, acima das quais aparece um único Deus: Olorum ou Zâmbi.

Na linguagem e concepção umbandistas, portanto, quem incorpora numa gira de Umbanda não são os Orixás propriamente ditos, mas seus falangeiros, em nome dos próprios

Orixás. Tal concepção está de acordo com o conceito de ancestral (espírito) divinizado (e/ou evoluído) vivenciado pelos africanos que para cá foram trazidos como escravos.

Mesmo que essa visão não seja consensual (Há quem defenda que tais Orixás já encarnaram, enquanto outros segmentos umbandistas – a maioria, diga-se de passagem – rejeitam esse conceito.), ao menos se admite no meio umbandista que o Orixá que incorpora possui um grau adequado de adaptação à energia dos encarnados, o que seria incompatível para os Orixás hierarquicamente superiores.

Na pesquisa feita por Miriam de Oxalá a respeito da ancestralidade e da divinização de ancestrais, aparece, dentre outras fontes, a célebre pesquisadora Olga Guidolle Cacciatore, para quem,

> [...] os Orixás são intermediários entre Olórun, ou melhor, entre seu representante (e filho) Oxalá e os homens. Muitos deles são antigos reis, rainhas ou heróis divinizados, os quais representam as vibrações das forças elementares da Natureza – raios, trovões, ventos, tempestades, água, fenômenos naturais como o arco-íris, atividades econômicas primordiais do homem primitivo – caça, agricultura – ou minerais, como o ferro que tanto serviu a essas atividades de sobrevivência, assim como às de extermínio na guerra. [...]

Entretanto, e como o tema está sempre aberto ao diálogo, à pesquisa, ao registro de impressões, conforme observa o médium umbandista e escritor Norberto Peixoto, é possível incorporar a forma-pensamento de um Orixá, a qual é plasmada e mantida pelas mentes dos encarnados. Em suas palavras,

[...] era dia de sessão de preto(a) velho(a). Estávamos na abertura dos trabalhos, na hora da defumação. O congá 'repentinamente' ficou vibrado com o orixá Nanã, que é considerado a mãe maior dos orixás e o seu axé (força) é um dos sustentadores da egrégora da Casa desde a sua fundação, formando par com Oxóssi. Faltavam poucos dias para o amaci (ritual de lavagem da cabeça com ervas maceradas), que tem por finalidade fortalecer a ligação dos médiuns com os orixás regentes e guias espirituais. Pedi um ponto cantado de Nanã Buruquê, antes dos cânticos habituais. Fiquei envolvido com uma energia lenta, mas firme. Fui transportado mentalmente para a beira de um lago lindíssimo e o orixá Nanã me 'ocupou', como se entrasse em meu corpo astral ou se interpenetrasse com ele, havendo uma incorporação total. (...) Vou explicar com sinceridade e sem nenhuma comparação, como tanto vemos por aí, como se a manifestação de um ou outro (dos espíritos na umbanda versus dos orixás em outros cultos) fosse mais ou menos superior, conforme o pertencimento de quem os compara a uma ou outra religião. A 'entidade' parecia um 'robô', um autômato sem pensamento contínuo, levado pelo som e pelos gestos. Sem dúvida, houve uma intensa movimentação de energia benfeitora, mas durante a manifestação do orixá minha cabeça ficou mentalmente vazia, como se nenhuma outra mente ocupasse o corpo energético do orixá que dançava, o que acabei sabendo depois tratar-se de uma forma-pensamento plasmada e mantida 'viva' pelas mentes dos encarnados.

No cotidiano dos terreiros, por vezes o vocábulo Orixá é utilizado também para Guias. Nessas casas, por exemplo,

é comum ouvir alguém dizer antes de uma gira de Pretos-Velhos: "Precisamos preparar mais banquinhos, pois hoje temos muitos médiuns e, portanto, aumentará o número de Orixás em Terra.".

Na compreensão das relações entre os Orixás, as leituras são múltiplas: há, por exemplo, quem considere Inlé e Ibualama Orixás independentes, enquanto outros os associam como qualidades de Oxóssi. Algo semelhante ocorre, dentre outros, com Airá, ora visto como qualidade de Xangô, ora como Orixá a ele associado, e com Aroni, a serviço de Ossaim, ou seu mentor, ou o próprio Ossaim.

Com características muito semelhantes, na tradição Angola cada Orixá é chamado de Inquice. No Candomblé Jeje, Vodum.

Em África eram conhecidos e cultuados centenas de Orixás.

Candomblé

Candomblé é um nome genérico que agrupa o culto aos Orixás jeje-nagô, bem como outras formas que dele derivam ou com eles se interpenetram, as quais se espraiam em diversas nações.

Trata-se de uma religião constituída, com teologia e rituais próprios, que cultua um poder supremo, cujos poder e alcance se fazem espiritualmente mais visíveis por meio dos Orixás.

Sua base é formada por diversas tradições religiosas africanas, destacando-se as da região do Golfo da Guiné, desenvolvendo-se no Brasil a partir da Bahia.

O Candomblé não faz proselitismo e valoriza a ancestralidade, tanto por razões históricas (antepassados africanos) quanto espirituais – filiação aos Orixás, cujas características se fazem conhecer por seus mitos e por antepassados históricos ou semi-históricos divinizados.

Embora ainda discriminado pelo senso comum e atacado por diversas denominações religiosas que o associam à chamada baixa magia, o Candomblé tem cada vez mais reconhecida sua influência em diversos setores da vida social brasileira, dentre outros, a música (percussão, toques, base musical etc.), a culinária (Pratos da cozinha-de-santo que

migraram para restaurantes e para as mesas das famílias brasileiras.) e a medicina popular (Fitoterapia e outros).

O Candomblé não existia em África tal qual o conhecemos, uma vez que naquele continente o culto aos Orixás era segmentado por regiões (Cada região e, portanto, famílias/clãs cultuavam determinado Orixá ou apenas alguns.).

No Brasil, os Orixás tiveram seus cultos reunidos em terreiros, com variações, evidentemente, assim como com interpenetrações teológicas e litúrgicas das diversas nações.

Embora haja farta bibliografia a respeito do Candomblé, e muitas de suas festas sejam públicas e abertas a não iniciados, trata-se de uma religião iniciática, com ensino-aprendizagem pautado pela oralidade, com conteúdo exotérico (de domínio público) e esotérico (Segredos os mais diversos transmitidos apenas aos iniciados.).

Conforme sintetiza Vivaldo da Costa Lima,

> [...] a filiação nos grupos de candomblé é, a rigor, voluntária, mas nem por isso deixa de obedecer aos padrões mais ou menos institucionalizados das formas de apelo que determinam a decisão das pessoas de ingressarem, formalmente num terreiro de candomblé, através dos ritos de iniciação. Essas formas de chamamento religioso se enquadram no universo mental das classes e estratos de classes de que provêm a maioria dos adeptos do candomblé, e são, geralmente, interpretações de sinais que emergem dos sistemas simbólicos culturalmente postulados. Sendo um sistema religioso – portanto uma forma de relação expressiva e unilateral com o mundo sobrenatural – o candomblé, como qualquer outra religião iniciática, provê a circunstância

em que o crente poderá, satisfazendo suas emoções e suas outras necessidades existenciais, situar-se plenamente num grupo socialmente reconhecido e aceito, que lhe garantirá status e segurança – que esta parece ser uma das funções principais dos grupos de candomblé – dar a seus participantes um sentido para a vida e um sentimento de segurança e proteção contra 'os sofrimentos de um mundo incerto'.

Formação

O Culto aos Orixás, pelos africanos no Brasil, tem uma longa história de resistência e sincretismo, que, impedidos de cultuar os Orixás, valiam-se de imagens e referências católicas para manter viva a sua fé.

Por sua vez, a combinação de cultos que deu origem ao Candomblé, deveu-se ao fato de serem agregados numa mesma propriedade (E, portanto, na mesma senzala.) escravos provenientes de diversas nações, com línguas e costumes diferentes – certamente uma estratégia dos senhores brancos para evitar revoltas, além de uma tentativa de fomentar rivalidades entre os próprios africanos. Vale lembrar que em África o culto aos Orixás era segmentado por regiões: cada região cultuava determinado Orixá ou apenas alguns.

Em 1830, algumas mulheres originárias de Ketu, na Nigéria, filiadas à irmandade de Nossa Senhora da Boa Morte, reuniram-se para estabelecer uma forma de culto que preservasse as tradições africanas em solo brasileiro. Reza a tradição e documentos históricos que tal reunião aconteceu na antiga Ladeira do Bercô (Hoje, Rua Visconde de Itaparica.),

nas proximidades da Igreja da Barroquinha, em Salvador (BA). Nesse grupo, e com o auxílio do africano Baba-Asiká, destacou-se Íyànàssó Kalá ou Oká (Iya Nassô). Seu òrúnkó no Orixá (nome iniciático) era Íyàmagbó-Olódùmarè.

Para conseguir seu intento, essas mulheres buscaram fundir aspectos diversos de mitologias e liturgias, por exemplo. Uma vez distantes da África, a Ìyá ìlú àiyé èmí (Mãe Pátria Terra da Vida), teriam de adaptar-se ao contexto local, não cultuando necessariamente apenas Orixás locais (Caraterísticos de tribos, cidades e famílias específicas.) em espaços amplos, como a floresta, cenário de muitas iniciações, porém num espaço previamente estabelecido: a casa de culto. Nessa reprodução em miniatura da África, os Orixás seriam cultuados em conjunto. Nascia o Candomblé.

Ao mesmo tempo em que designava as reuniões feitas por escravos com o intuito de louvar os Orixás, a palavra Candomblé também era empregada para toda e qualquer reunião ou festa organizada pelos negros no Brasil. Por essa razão, antigos Babás e Iyas evitavam chamar o culto aos Orixás de Candomblé.

Em linhas gerais, Candomblé seria uma corruptela de "candonbé" (Atabaque tocado pelos negros de Angola.) ou viria de "candonbidé" (Louvar ou pedir por alguém ou por algo.).

Cada grupo com características próprias teológicas, linguísticas e de culto, embora muitas vezes se interpenetrem, ficou conhecido como nação:

- Nação Ketu;
- Nação Angola;
- Nação Jeje;

- Nação Nagô;
- Nação Congo;
- Nação Muxicongo;
- Nação Efon.

Constituída por grupos que falavam iorubá, dentre eles os de Oyó, Abeokutá, Ijexá, Ebá e Benim, a Nação Ketu também é conhecida como Alaketu.

Os iorubás, guerreando com os jejes, em África, perderam e foram escravizados, vindo mais adiante para o Brasil. Maltratados, foram chamados pelos fons de ànagô (Dentre várias acepções, piolhentos, sujos.). O termo, com o tempo, modificou-se para nàgó e foi incorporado pelos próprios iorubás como marca de origem e de forma de culto. Em sentido estrito, não há uma nação política chamada nagô.

Em linhas gerais, os Candomblés dos estados da Bahia e do Rio de Janeiro ficaram conhecidos como de Nação Ketu, com raízes iorubanas. Entretanto, existem variações em cada nação. No caso do Ketu, por exemplo, destacam-se a Nação Efan e a Nação Ijexá. Efan é uma cidade da região de Ijexá, nas proximidades de Oxogbô e do rio Oxum, na Nigéria. A Nação Ijexá é conhecida pela posição de destaque que nela possui o Orixá Oxum, sua rainha.

No caso do Candomblé Jeje, por exemplo, uma variação é o Jeje Mahin, sendo Mahin uma tribo que havia nas proximidades da cidade de Ketu. Quanto às Nações Angola e Congo, seus Candomblés se desenvolveram a partir dos cultos de escravos provenientes dessas regiões africanas.

De fato, a variação e o cruzamento de elementos de Nações não são estanques, como demonstram o Candomblé

Nagô-Vodum, o qual sintetiza costumes iorubás e jeje, e o Alaketu, de nação iorubá, também da região de Ketu, tendo como ancestrais da casa Otampé, Ojaró e Odé Akobí.

Primeiros terreiros

A primeira organização de culto aos Orixás foi a da Barroquinha (Salvador/BA), em 1830, semente do Ilê Axé Iya Nassô Oká, uma vez que foi capitaneada pela própria Iya Nassô, filha de uma escrava liberta que retornou à África.

Posteriormente, foi transferida para o Engenho Velho, onde ficou conhecida como Casa Branca ou Engenho Velho. Ainda no século XIX, dela originou-se o Candomblé do Gantois e, mais adiante, o Ilê Axé Opô Afonjá.

Entre 1797 e 1818, Nan Agotimé, rainha-mãe de Abomé, teria trazido o culto dos Voduns jejes para a Bahia, levando-os a seguir para São Luís (MA). Traços da presença daomeana teriam permanecido no Bogum, antigo terreiro jeje de Salvador, o qual ostenta, ainda, o vocábulo "malê", bastante curioso, uma vez que o termo refere-se ao negro do Islã. Antes mesmo do Bogum, há registros de um terreiro jeje, em 1829, no bairro hoje conhecido como Acupe de Brotas.

Tumbensi é a casa de Angola considerada a mais antiga da Bahia, fundada por Roberto Barros Reis (dijina: Tata Kimbanda Kinunga) por volta de 1850, escravo angolano de propriedade da família Barros Reis, que lhe emprestou o nome pelo qual era conhecido.

Após seu falecimento, a casa (inzo) passou à liderança de Maria Genoveva do Bonfim, mais conhecida como Maria

Neném (dijina: Mam´etu Tuenda UnZambi) gaúcha, filha de Kavungo, considerada a mais importante sacerdotisa do Candomblé Angola. Ela assumiu a chefia da casa por volta dos anos 1909, vindo a falecer em 1945.

Já o Tumba Junçara foi fundado, em 1919 em Acupe, na Rua Campo Grande, Santo Amaro da Purificação (BA) por dois irmãos de esteira: Manoel Rodrigues do Nascimento (dijina: Kambambe) e Manoel Ciríaco de Jesus (dijina: Ludyamungongo), ambos iniciados em 13 de junho de 1910 por Mam'etu Tuenda UnZambi, Mam'etu Riá N'Kisi do Tumbensi.

Kambambe e Ludyamungongo tiveram Sinhá Badá como Mãe Pequena e Tio Joaquim como Pai Pequeno. O Tumba Junçara foi transferido para Pitanga, também em Santo Amaro da Purificação, e posteriormente para o Beiru.

A seguir foi novamente transferido para a Ladeira do Pepino, 70, e finalmente para Ladeira da Vila América, 2, Travessa 30, Avenida Vasco da Gama (Que hoje se chama Vila Colombina.), 30, em Vasco da Gama, Salvador (BA). E assim a raiz foi-se espalhando.

O histórico das primeiras casas de Candomblé e outras formas de culto marginalizadas pelo poder constituído (Estado, classes economicamente dominantes, Igreja etc.), como a Umbanda no século XX, assemelha-se pela resistência à repressão institucionalizada e ao preconceito.

Umbanda

Em linhas gerais, etimologicamente, Umbanda é vocábulo que decorre do Umbundo e do Quimbundo, línguas africanas, com o significado de "arte de curandeiro", "ciência médica", "medicina". O termo passou a designar, genericamente, o sistema religioso que, dentre outros aspectos, assimilou elementos religiosos afro-brasileiros ao espiritismo urbano (Kardecismo).[1]

Quanto ao sentido espiritual e esotérico, Umbanda significa "luz divina" ou "conjunto das leis divinas". A magia branca praticada pela Umbanda remontaria, assim, a outras eras do planeta, sendo denominada pela palavra sagrada Aumpiram, transformada em Aumpram e, finalmente, Umbanda.

De qualquer maneira, houve quem tivesse anotado, durante a incorporação do Caboclo das Sete Encruzilhadas anunciando o nome da nova religião, o nome "Allabanda", substituído por "Aumbanda", em sânscrito, "Deus ao nosso lado." ou "O lado de Deus.".

A Umbanda, assim como o Candomblé, é religião, e não seita. "Seita" geralmente refere-se pejorativamente a grupos

---

1. Embora não seja consenso o uso do termo "Kardecismo" como sinônimo de "Espiritismo", ele é aqui empregado por ser mais facilmente compreendido.

de pessoas com práticas espirituais que destoam das ortodoxas. A Umbanda é uma religião constituída, com fundamentos, teologia própria, hierarquia, sacerdotes e sacramentos. Suas sessões são gratuitas, voltadas ao atendimento holístico (corpo, mente, espírito) e à prática da caridade (fraterna, espiritual, material), sem proselitismo. Em sua liturgia e em seus trabalhos espirituais vale-se do uso dos quatro elementos básicos: fogo, terra, ar e água.

É muito interessante fazer o estudo comparativo da utilização dos elementos, tanto por encarnados como pela Espiritualidade, na Umbanda, no Candomblé, no Xamanismo, na Wicca, no Espiritismo (Vide obra de André Luiz.), na Liturgia Católica (Leia-se o trabalho de Geoffrey Hodson, sacerdote católico liberal.) etc.

Este é um breve histórico do nascimento oficial da Umbanda, embora, antes da manifestação do Caboclo das Sete Encruzilhadas e do trabalho de Zélio Fernandino, houvesse atividades religiosas semelhantes ou próximas, no que se convencionou chamar de macumba[2].

No Astral, a Umbanda antecipa-se em muito ao ano de 1908 e diversos segmentos localizam sua origem terrena em civilizações e continentes que já desapareceram.

Zélio Fernandino de Moraes, um rapaz de 17 anos que se preparava para ingressar na Marinha, em 1908 começou a ter aquilo que a família, residente em Neves, no Rio de Janeiro, considerava ataques. Os supostos ataques colocavam o rapaz na postura de um velho, que parecia ter vivido em outra época e dizia coisas incompreensíveis para os familiares;

---

2. O termo aqui não possui obviamente conotação negativa.

noutros momentos, Zélio parecia uma espécie de felino que demonstrava conhecer bem a natureza.

Após minucioso exame, o médico da família aconselhou que fosse ele atendido por um padre, uma vez que considerava o rapaz possuído. Um familiar achou melhor levá-lo a um centro espírita, o que realmente aconteceu: no dia 15 de novembro, Zélio foi convidado a tomar assento à mesa da sessão da Federação Espírita de Niterói, presidida à época por José de Souza.

Tomado por força alheia à sua vontade e infringindo o regulamento que proibia qualquer membro de ausentar-se da mesa, Zélio levantou-se e declarou: "Aqui está faltando uma flor.".

Deixou a sala, foi até o jardim e voltou com uma flor, que colocou no centro da mesa, o que provocou alvoroço. Na sequência dos trabalhos, manifestaram-se nos médiuns espíritos apresentando-se como negros escravos e índios.

O diretor dos trabalhos, então, alertou os espíritos sobre seu atraso espiritual, como se pensava comumente à época, e convidou-os a se retirarem. Novamente uma força tomou Zélio e advertiu: "Por que repelem a presença desses espíritos, se sequer se dignaram a ouvir suas mensagens? Será por causa de suas origens sociais e da cor?".

Durante o debate que se seguiu, procurou-se doutrinar o espírito, que demonstrava argumentação segura e sobriedade. Um médium vidente, então, lhe perguntou: "Por que o irmão fala nestes termos, pretendendo que a direção aceite a manifestação de espíritos que, pelo grau de cultura que tiveram, quando encarnados, são claramente atrasados? Por que fala deste modo, se estou vendo que me dirijo neste

momento a um jesuíta e a sua veste branca reflete uma aura de luz? E qual o seu nome, irmão?".

Ao que o interpelado respondeu: "Se querem um nome, que seja este: sou o Caboclo das Sete Encruzilhadas, porque para mim, não haverá caminhos fechados. O que você vê em mim, são restos de uma existência anterior. Fui padre e o meu nome era Gabriel Malagrida. Acusado de bruxaria, fui sacrificado na fogueira da Inquisição em Lisboa, no ano de 1761. Mas em minha última existência física, Deus concedeu-me o privilégio de nascer como caboclo brasileiro.".

A respeito da missão que trazia da Espiritualidade, anunciou: "Se julgam atrasados os espíritos de pretos e índios, devo dizer que amanhã estarei na casa de meu aparelho, às 20 horas, para dar início a um culto em que estes irmãos poderão dar suas mensagens e, assim, cumprir a missão que o Plano Espiritual lhes confiou. Será uma religião que falará aos humildes, simbolizando a igualdade que deve existir entre todos os irmãos, encarnados e desencarnados.".

Com ironia, o médium vidente perguntou-lhe: "Julga o irmão que alguém irá assistir a seu culto?".

O Caboclo das Sete Encruzilhadas lhe respondeu: "Cada colina de Niterói atuará como porta-voz, anunciando o culto que amanhã iniciarei.". E concluiu: "Deus, em sua infinita Bondade, estabeleceu que na morte, a grande niveladora universal, rico ou pobre, poderoso ou humilde, todos se tornariam iguais, mas vocês, homens preconceituosos, não contentes em estabelecer diferenças entre os vivos, procuram levar essas mesmas diferenças até mesmo além da barreira da morte. Por que não podem nos visitar esses humildes trabalhadores do espaço, se apesar de não haverem sido

pessoas socialmente importantes na Terra, também trazem importantes mensagens do além?".

No dia seguinte, 16 de novembro, na casa da família de Zélio, à rua Floriano Peixoto, 30, perto das 20 horas, estavam os parentes mais próximos, amigos, vizinhos, membros da Federação Espírita e, fora da casa, uma multidão.

Às 20 horas manifestou-se o Caboclo das Sete Encruzilhadas e declarou o início do novo culto, no qual os espíritos de velhos escravos, que não encontravam campo de atuação em outros cultos africanistas, bem como de indígenas nativos do Brasil trabalhariam em prol dos irmãos encarnados, independentemente de cor, raça, condição social e credo.

No novo culto, encarnados e desencarnados atuariam motivados por princípios evangélicos e pela prática da caridade.

O Caboclo das Sete Encruzilhadas também estabeleceu as normas do novo culto: as sessões seriam das 20 horas às 22 horas, com atendimento gratuito e os participantes uniformizados de branco. Quanto ao nome, seria Umbanda: Manifestação do Espírito para a Caridade.

A casa que se fundava teria o nome de Nossa Senhora da Piedade, inspirada em Maria, que recebeu os filhos nos braços. Assim, a casa receberia todo aquele que necessitasse de ajuda e conforto. Após ditar as normas, o Caboclo respondeu a perguntas em latim e alemão formuladas por sacerdotes ali presentes. Iniciaram-se, então, os atendimentos, com diversas curas, inclusive a de um paralítico.

No mesmo dia, manifestou-se em Zélio um Preto-Velho chamado Pai Antônio, o mesmo que havia sido considerado efeito da suposta loucura do médium.

43

Com humildade e aparente timidez, recusava-se a sentar-se à mesa, com os presentes, argumentando: "Nêgo num senta não, meu sinhô, nêgo fica aqui mesmo. Isso é coisa de sinhô branco e nêgo deve arrespeitá.". Após insistência dos presentes, respondeu: "Num carece preocupá, não. Nêgo fica no toco, que é lugá de nêgo.".[3]

Continuou com palavras de humildade, quando alguém lhe perguntou se sentia falta de algo que havia deixado na Terra, ao que ele respondeu: "Minha cachimba. Nêgo qué o pito que deixou no toco. Manda mureque buscá.".

Solicitava, assim, pela primeira vez, um dos instrumentos de trabalho da nova religião. Também foi o primeiro a solicitar uma guia, até hoje usada pelos membros da Tenda, conhecida carinhosamente como Guia de Pai Antônio.

No dia seguinte, houve verdadeira romaria à casa da família de Zélio. Enfermos encontravam a cura, todos se sentiam confortados, médiuns até então considerados loucos encontravam terreno para desenvolver os dons mediúnicos.

O Caboclo das Sete Encruzilhadas dedicou-se, então, a esclarecer e divulgar a Umbanda, auxiliado diretamente por Pai Antônio e pelo Caboclo Orixá Malê, experiente na anulação de trabalhos de baixa magia.

No ano de 1918, o Caboclo das Sete Encruzilhadas recebeu ordens da Espiritualidade para fundar sete tendas, assim denominadas: Tenda Espírita Nossa Senhora da Guia, Tenda Espírita Nossa Senhora da Conceição, Tenda Espírita Santa Bárbara, Tenda Espírita São Pedro, Tenda Espírita Oxalá,

---

3. Certamente trata-se de um convite à humildade, e não de submissão e dominação racial.

Tenda Espírita São Jorge e Tenda Espírita São Jerônimo. Durante a encarnação de Zélio, a partir dessas primeiras tendas, foram fundadas outras 10 mil.

Mesmo não seguindo a carreira militar, pois o exercício da mediunidade não lhe permitira, Zélio nunca fez da missão espiritual uma profissão. Pelo contrário, chegava a contribuir financeiramente, com parte do salário, para as tendas fundadas pelo Caboclo das Sete Encruzilhadas, além de auxiliar os que se albergavam em sua casa. Também por conselho do Caboclo, não aceitava cheques e presentes.

Por determinação do Caboclo, a ritualística era simples: cânticos baixos e harmoniosos, sem palmas ou atabaques, sem adereços para a vestimenta branca e, sobretudo, sem corte (sacrifício de animais). A preparação do médium pautava-se pelo conhecimento da doutrina, com base no Evangelho, banhos de ervas, amacis e concentração nos pontos da natureza.

Com o tempo e a diversidade ritualística, outros elementos foram incorporados ao culto, no que tange ao toque, canto e palmas, às vestimentas e mesmo a casos de sacerdotes umbandistas que passaram a dedicar-se integralmente ao culto, cobrando, por exemplo, pelo jogo de búzios onde o mesmo é praticado, porém sem nunca deixar de atender àqueles que não podem pagar pelas consultas.

Mas as sessões permanecem públicas e gratuitas, pautadas pela caridade, pela doação dos médiuns. Algumas casas, por influência dos Cultos de Nação, praticam o corte, contudo essa é uma das maiores diferenças entre a Umbanda dita tradicional e as casas que se utilizam de tal prática.

Depois de 55 anos à frente da Tenda Nossa Senhora da Piedade, Zélio passou a direção para as filhas Zélia e Zilméa,

continuando, porém, a trabalhar juntamente com sua esposa, Isabel (médium do Caboclo Roxo), na Cabana de Pai Antônio, em Boca do Mato, em Cachoeira de Macacu, no Rio de Janeiro.

Zélio Fernandino de Moraes faleceu no dia 03 de outubro de 1975, após 66 anos dedicados à Umbanda, que muito lhe agradece.

Embora chamada popularmente de religião de matriz africana, na realidade, a Umbanda é um sistema religioso formado de diversas matrizes, com diversos elementos cada:

Matrizes	Elementos mais conhecidos
Africanismo	Culto aos Orixás, trazidos pelos negros escravos, em sua complexidade cultural, espiritual, medicinal, ecológica etc. e culto aos Pretos-Velhos.
Cristianismo	Uso de imagens, orações e símbolos católicos. A despeito de existir uma Teologia de Umbanda, própria e característica, algumas casas vão além do sincretismo, utilizando-se mesmo de dogmas católicos.[4]
Indianismo	Pajelança; emprego da sabedoria indígena ancestral em seus aspectos culturais, espirituais, medicinais, ecológicos etc.; culto aos caboclos indígenas ou de pena.

---

4. Há, por exemplo, casas de Umbanda com fundamentos teológicos próprios, enquanto outras rezam o terço com os mistérios baseados nos dogmas católicos e/ou se utilizam do Credo Católico, onde se afirma a fé na Igreja Católica (Conforme indicam Guias, Entidades e a própria etimologia, leia-se "católica" como "universal", isto é, a grande família humana.), na Comunhão dos Santos, na ressurreição da carne, dentre outros tópicos da fé católica. Isso em nada invalida a fé, o trabalho dos Orixás, das Entidades, das Egrégoras de Luz formadas pelo espírito, e não pela letra da recitação amorosa e com fé do Credo Católico.

Matrizes	Elementos mais conhecidos
Kardecismo	Estudo dos livros da Doutrina Espírita, bem como de sua vasta bibliografia; manifestação de determinados espíritos e suas Egrégoras, mais conhecidas no meio Espírita, como os médicos André Luiz e Bezerra de Menezes. Utilização de imagens e bustos de Allan Kardec, Bezerra de Menezes e outros; estudo sistemático da mediunidade; palestras públicas.
Orientalismo	Estudo, compreensão e aplicação de conceitos como prana, chacra e outros; culto à Linha Cigana – que em muitas casas vem, ainda, em linha independente, dissociada da chamada Linha do Oriente.

Por seu caráter ecumênico, de flexibilidade doutrinária e ritualística, a Umbanda é capaz de reunir elementos os mais diversos, como os sistematizados.

Mais adiante, ao se tratar das Linhas da Umbanda, veremos que esse movimento agregador é incessante: como a Umbanda permanece de portas abertas aos encarnados e aos espíritos das mais diversas origens étnicas e evolutivas, irmãos de várias religiões chegam aos seus templos em busca de saúde, paz e conforto espiritual, bem como outras falanges espirituais juntam-se à sua organização.

Aspectos da Teologia de Umbanda

Monoteísmo	Crença num Deus único (Princípio Primeiro, Energia Primeira etc.), conhecido principalmente como Olorum (influência iorubá) ou Zâmbi (influência Angola).

Aspectos da Teologia de Umbanda

Crença nos Orixás	Divindades/ministros de Deus, ligadas a elementos e pontos de força da natureza, orientadores dos Guias e das Entidades, bem como dos encarnados.
Crença nos Anjos	Enquanto figuras sagradas (e não divinas) são vistas ou como seres especiais criados por Deus (Influência do Catolicismo.), ou como espíritos bastante evoluídos (Influência do Espiritismo/Kardecismo.).
Crença em Jesus Cristo	Vindo na Linha de Oxalá e, por vezes, confundido com o próprio Orixá, Jesus é visto ou como Filho Único e Salvador (Influência do Catolicismo/do Cristianismo mais tradicional.), ou como o mais evoluído dos espíritos que encarnaram no planeta, do qual, aliás, é governador (Influência do Espiritismo/Kardecismo.).
Crença na ação dos espíritos	Os espíritos, com as mais diversas vibrações, agem no plano físico. A conexão com eles está atrelada à vibração de cada indivíduo, razão pela qual é necessário estar sempre atento ao "Orai e vigiai." preconizado por Jesus.
Crença nos Guias e nas Entidades	Responsáveis pela orientação dos médiuns, dos terreiros, dos consulentes e outros, sua atuação é bastante ampla. Ao auxiliarem a evolução dos encarnados, colaboram com a própria evolução.
Crença na reencarnação	As sucessivas vidas contribuem para o aprendizado, o equilíbrio e a evolução de cada espírito.

Aspectos da Teologia de Umbanda

Crença na Lei de Ação e Reação	Tudo o que se planta, se colhe. A Lei de Ação e Reação é respaldada pelo princípio do livre-arbítrio.
Crença na mediunidade	Todos somos médiuns, com dons diversos (de incorporação, de firmeza, de intuição, de psicografia etc.).

Diversidade

Nas religiões de matriz africana há uma diversidade muito grande: do Candomblé para Umbanda; de casa da mesma religião para outra casa; de região para região; de qualidade de um Orixá para outra do mesmo Orixá etc.

Além disso, por razões históricas, culturais e de resistência e manutenção do culto, os adeptos precisaram (e precisam) se adaptar constantemente. Nem sempre, por exemplo, o que se fazia em África, ou na senzala, é feito, hoje, numa Casa de Santo.

Nada no culto aos Orixás é feito sem orientação direta da própria Espiritualidade ou dos dirigentes espirituais. Uma planta que serve para banho nem sempre serve para outra função. Existem as incompatibilidades e as particularidades de cada qualidade de Orixá. O nome de uma planta votiva pode mudar em outras regiões.

Enfim, as diversidades precisam ser respeitadas. Considerando-as como foco para a unidade; não se deve aventurar-se em qualquer prática sem a devida orientação, a fim de não haver choque energético. A sabedoria pressupõe humildade, diálogo e paciência.

Com diferenças de fundamentos, litúrgicas, culto e, consequentemente, na forma de se trabalhar as qualidades

dos Orixás, Candomblé e Umbanda caminham juntos, lado a lado, como religiões irmãs. Ou assim deveria ser.

A fim de contribuir para o diálogo, vejam-se os textos seguintes.

Juntos somos mais fortes

É fato que as Religiões de Matriz Africana são alvo de preconceito, discriminação e intolerância, em vários níveis, por grande parte da sociedade. Contudo, o que mais fere e enfraquece é a desunião entre irmãos.

Enquanto umbandistas pensarem e declararem "Eu não gosto do Candomblé!" ou "Se o pessoal do Candomblé for, eu não vou..."; enquanto candomblecistas acreditarem e afirmarem "A Umbanda é fraquinha..." ou "Essas umbandinhas que estão por aí...", dificilmente caminharemos juntos sob o manto branco de Oxalá.

Dias desses ouvi alguém dizendo a um irmão de outra casa: "Embora não seja a forma de sincretismo como o Orixá é tratado em nossa casa, gostaria de parabenizar etc...". Ora, como posso ir ao encontro de um irmão iniciando meu gesto com um "embora" ou um "apesar de"? Onde está o respeito à diversidade? Essa inconsciência me lembrou da fala de um amigo reverendo anglicano, que comentava o quanto é triste ver irmãos católicos romanos presentes em ordenações de reverendas anglicanas negando-se a participar da mesa da comunhão.

Aceitar e respeitar a diversidade não significa perder a identidade.

Umbandistas e candomblecistas, se vivenciarmos o respeito entre nós, o amor e o diálogo cidadão e legal (em todos os sentidos) certamente se propagarão em outras esferas.

Juntos, somos mais fortes.

Sobre a expressão "Religiões de Matriz Africana"

Embora o mais comum seja referir-se hoje ao Candomblé, à Umbanda e a outras religiões similares como Religiões Tradicionais de Terreiro, ainda é bastante empregada a expressão Religiões de Matriz Africana, embora esta matriz não seja a única a constituir tais religiões.

Nesse sentido, é bastante esclarecedor o questionamento do professor Ildásio Tavares, em seu livro Xangô, da Editora Pallas (2008), no qual procura denominar as religiões de terreiro como jeje-nagôs-brasileiras, o que, pelo último termo, a meu ver, incluiria também a Nação Angola:

Os nomes que não nomeiam

Fala-se com muita segurança, empáfia (e até injúria) em religião negra, religião africana, religião afro-brasileira, ou culto, mais pejorativamente. Essa terminologia é facciosa, discriminatória, preconceituosa, redutiva e falsa. Auerbach dizia que os maus termos, em ciência, são mais danosos que as nuvens à navegação. Negro é um

termo que toma por parâmetro uma cor de pele que nem sequer é negra. Que seria religião negra? Aquela praticada por negros, apenas, ou aquela criada por negros e praticada por brancos, negros mulatos ou alguém com algum dos 514 tipos de cor achados no Brasil por Herskovits? Religião negra é um termo evidentemente racista quer usado pelos brancos para discriminar e inferiorizar o negro, quer usado pelo negro para se autodiscriminar defensivamente com uma reserva de domínio rácico e cultural.

Africano é absurdamente generalizante, na medida em que subsume uma extraordinária pluralidade e diversidade cultural em um rótulo simplista e unívoco. Nelson Mandela é frequentemente mencionado como um líder africano. Jamais alguém chamaria Adolf Hitler de um líder europeu ou de um líder branco apesar de este ser um defensor da superioridade dos arianos que não são necessariamente brancos, vez que a maioria dos judeus é de brancos, assim como os poloneses; e Hitler os tinha como inferiores, perniciosos e queria eliminá-los da face da Terra. Este rótulo redutivo lembra-me o episódio de nosso grotesco e absurdo presidente Jânio Quadros chamando o intelectual sergipano Raimundo de Souza Dantas, para ser embaixador do Brasil na África por ele ser de pele escura. Quando o perplexo Raimundo replicou: "Excelência, a África é um continente! Como posso ser embaixador do Brasil em um continente?" O burlesco presidente respondeu: "Não importa, o senhor vai ser embaixador do Brasil na África.". E foi. Sediado em Gana.

Este é o típico exemplo de absurdo brasileiro, de seu surrealismo de hospício que muitos adotam como postura científica, para empulhar os tolos, os ingênuos e os incautos, armadilha perpetrada por canalhas para capturar os obtusos, diria Rudyard Kipling ao deixar o colonialismo para definir o Super Homem.

O rótulo afro-brasileiro também é falacioso. Aprendi no curso primário que o povo brasileiro está composto basicamente de três etnias: a dos índios, vermelha; a dos europeus, branca, e a dos africanos, preta. Por definição, portanto, brasileiro é a combinação de índio, africano e europeu, branco, vermelho e preto em proporções variáveis, é claro. Já se disse, jocosamente, que as árvores genealógicas no Brasil (em sua maioria ginecológicas, matrilineares) ou dão no matou ou na cozinha, ou dão em índio ou em negro, para satirizar a falsa, a ansiada brancura de nosso povo que nem a importação de italianos e alemães conseguiu satisfazer, muito pelo contrário, eles é que escureceram, ao menos culturalmente, assim como os amarelos, haja vista a presença de babalorixás na Liberdade, São Paulo, no Paraná e em Santa Catarina, para não falar de Escolas de Samba de olhos oblíquos.

Ora, se brasileiro já quer dizer parte africano, afro-brasileiro é redundante. Resolvendo a equação, temos: B = A + I + E, ou seja, Brasileiro é igual a africano + índio + europeu. Logo AB (Afro-brasileiro) será igual a A + AIB (Africano + Índio + Brasileiro). Tem africano demais nessa equação. Eliminando o termo igual, discriminaremos o Afro-brasileiro. A única solução é especificar a origem

cultural (ou etnográfica, se quiserem) da religião. Para mim seria adequado dizer-se religiões brasileiras de origem africana, índia ou judaico-europeias, todas nossas. Mas como seria longo demais e detesto siglas, prefiro falar religiões jeje-nagôs-brasileira. É mais adequado. Pode não ser preciso. Mas a precisão é um desiderato dos relógios suíços, dos mísseis, dos navios que não afundam e dos filósofos positivistas. Não tenho simpatia por nenhum dos quatro.

Ogum

Filho de Iemanjá, irmão de Exu e Oxóssi, deu a este último suas armas de caçador.

Orixá do sangue que sustenta o corpo, da espada, da forja e do ferro, é padroeiro daqueles que manejam ferramentas, tais como barbeiros, ferreiros, maquinistas de trem, mecânicos, motoristas de caminhão, soldados e outros.

Patrono dos conhecimentos práticos e da tecnologia, simboliza a ação criadora do homem sobre a natureza, a inovação e a abertura de caminhos em geral.

Foi casado com Iansã e posteriormente com Oxum, entretanto vive só, pelas estradas, lutando e abrindo caminhos.

Senhor dos caminhos (Isto é, das ligações entre lugares, enquanto Exu é o dono das encruzilhadas, do tráfego em si.) e das estradas de ferro, protege, ainda, as portas de casas e templos.

Sendo senhor da faca, no Candomblé, suas oferendas rituais vêm logo após as de Exu. Vale lembrar que, tradicionalmente, o Ogã de faca, responsável pelo corte (sacrifício animal), chamado Axogum, deve ser filho de Ogum.

Responsável pela aplicação da Lei, é vigilante, marcial, atento.

Na Umbanda, Ogum é o responsável maior pela vitória contra demandas (energias deletérias) enviadas contra alguém, uma casa religiosa etc.

Sincretizado com São Jorge, assume a forma mais popular de devoção, por meio de orações, preces, festas e músicas diversas a ele dedicadas.

Os Inquices são divindades dos cultos de origem banta. Correspondem aos Orixás iorubanos e da Nação Ketu. Dessa forma, por paralelismo, os Inquices, em conversas do povo-de-santo aparecem como sinônimos de Orixás.

Também entre o povo-de-santo, quando se usa o termo Inquice, geralmente se refere aos Inquices masculinos, ao passo que Inquice Amê refere-se aos Inquices femininos.

O vocábulo Inquice vem do quimbundo *Nksi* (plural: *Mikisi*), significando "Energia Divina".

Nkosi, Roxi Mukumbe ou Roximucumbe: Inquice da guerra e senhor das estradas de terra faz paralelismo com o Orixá Ogum. Mukumbe, Biolê, Buré são qualidades de Roximucumbi.

Vodum é divindade do povo Fon (antigo Daomé). Refere-se tanto aos ancestrais míticos quanto aos ancestrais históricos. No cotidiano dos terreiros, por paralelismo, o vocábulo é empregado também como sinônimo de Orixá (É bastante evidente a semelhança de características entre os mais conhecidos Orixás, Inquices e Voduns). "Vodum" é a forma aportuguesada de "vôdoun".

| Ji-vodun | Voduns do alto, chefiados por Sô (Heviossô). |
| Ayi-vodun | Voduns da terra, chefiados por Sakpatá. |

Tô-vodun	Voduns próprios de determinada localidade. Diversos.
Henu-vodun	Voduns cultuados por certos clãs que se consideram seus descendentes. Diversos.

Mawu (gênero feminino) é o Ser Supremo dos povos Ewe e Fon, que criou a Terra, os seres vivos e os voduns. Mawu associa-se a Lissá (gênero masculino), também responsável pela criação, e os voduns são filhos e descendentes de ambos. A divindade dupla Mawu-Lissá é chamada de Dadá Segbô (Grande Pai Espírito Vital).

Gu, Vodum dos metais, da guerra, do fogo e da tecnologia faz paralelismo com o Orixá Ogum.

Segundo Pierre Verger, em África,

[...] O culto a Ogum é bastante difundido no conjunto dos territórios de língua iorubá e em certos países vizinhos, jejes, como o ex-Daomé e o Togo, onde é chamado de Gun. Ogum é, provavelmente, o deus iorubá mais respeitado e temido. Tomá-lo como testemunha, no decorrer de uma discussão, tocando com a ponta da língua a lâmina de uma faca, ou um objeto de ferro, é sinal de sinceridade absoluta. Um juramento feito evocando-se o nome de Ogum é o mais solene e digno de fé que se possa imaginar, comparável àquele que faria um cristão sobre a Bíblia ou um muçulmano sobre o Corão. (pp. 87 e 88)

A respeito do culto de Ogum na América de modo geral, registra Pierre Verger:

Na Bahia, Ogum foi sincretizado com Santo Antônio de Pádua. (...) No Rio de Janeiro, é com São Jorge que Ogum foi

associado, (...) representado em suas imagens como um valente guerreiro, vestido com uma brilhante armadura, mostrado em um fogoso cavalo, às curvetas, e armado com uma lança com a qual ele transpassa um dragão encolerizado.

Em Cuba Ogum é sincretizado com São João Batista e São Pedro.

No Haiti, "a família dos Ogous engloba o conjunto dos loas nagos", os orixás iorubas. Encontra-se aí:

"O pai e chefe dos Ogous, Papa Ogou, sincretizado com São Tiago Maior;

Ogou Ferraille, sincretizado com São Felipe;

Ogou Olisha (Obatalá) sincretizado com São Raimundo;

Ogou Balinjo (que existe na África em Dassa Zumê), sincretizado com São Tiago Menor ou São José;

Ogou Djamsan (Iansã-Oiá) e Ossange (Ossain) fazem parte da mesma família dos Ogous, mas não sabemos com que santos eles são sincretizados;

Enfim, Ogou Chango (Xangô), que, sob influência de Cuba, foi sincretizado com Santa Bárbara. (pp. 94-95)

Irmãos de Ogum
(Teogonia/Teologia/Mitologia)

Ogum apresenta forte ligação com os irmãos Exu e Oxóssi.

Exu

Conhecido pelos Fons como Legba ou Legbara, o Exu iorubano é Orixá bastante controvertido e de difícil compreensão, o que, certamente, o levou a ser identificado com o Diabo cristão.

Responsável pelo transporte das oferendas aos Orixás e também pela comunicação dos mesmos, é, portanto, seu intermediário. Como reza o antigo provérbio: "Sem Exu não se faz nada.".

Seu arquétipo é o daquele que questiona as regras, para quem nem sempre o certo é certo, ou o errado, errado.

Assemelha-se bastante ao Trickster dos indígenas norte-americanos. Seus altares e símbolos são fálicos, pois representa a energia criadora e o vigor da sexualidade.

Responsável por vigiar e guardar as passagens, é aquele que abre e fecha os caminhos. Ajuda a encontrar meios para o progresso além da segurança do lar e protege contra os mais diversos perigos e inimigos.

De modo geral, o Orixá Exu não é diretamente cultuado na Umbanda, mas sim os Guardiões (Exus) e Guardiãs (Pombogiras).

Oxóssi

Irmão de Exu e Ogum, filho de Oxalá e Iemanjá (ou, em outras lendas, de Apaoka, a jaqueira), rei de Ketu, Orixá da caça e da fartura.

Associado ao frio, à noite e à lua, suas plantas são refrescantes. Ligado à floresta, à árvore, aos antepassados, Oxóssi, enquanto caçador, ensina o equilíbrio ecológico, e não o aspecto predatório da relação do homem com a natureza, a concentração, a determinação e a paciência necessárias para a vida ao ar livre.

Rege a lavoura e a agricultura.

Na Umbanda, de modo geral, amalgamou-se ao Orixá Ossaim no que toca aos aspectos medicinais, espirituais e ritualísticos das folhas e plantas.

Como no Brasil a figura mítica do indígena habitante da floresta é bastante forte, a representação de Oxóssi, por vezes, aproxima-se mais do índio do que do negro africano.

Não à toa, Oxóssi rege a Linha dos Caboclos, e o Candomblé; em muitos Ilês, abriu-se para o culto aos Caboclos, de maneira explícita, ou mesmo camuflada, para não desagradar aos mais tradicionalistas.

No âmbito espiritual, Oxóssi caça os espíritos perdidos, buscando trazê-los para a Luz. Sábio mestre e professor, representa a sabedoria e o conhecimento espiritual, com os quais alimenta os filhos, fortificando-os na fé.

Linha de Ogum (Umbanda)

Ogum protege as batalhas da vida, toma a frente das demandas da fé e de tudo o que nos aflige.

É a Linha do guerreiro místico, espiritual. Os pontos cantados e as preces relacionadas a essa Linha evocam as lutas, as batalhas, a determinação.

Orixá mediador dos choques cármicos, Ogum rege caboclos que andam de um lado para o outro, enérgicos, vivazes, que falam de maneira vibrante e decidida.

**Sete chefes de legião da vibração espiritual de Ogum.
(Esta forma de apresentação da Espiritualidade, como as demais, não é fixa e necessariamente comum a todas as casas.)**

Ogum Dilê	Representante da vibração espiritual.
Ogum Matinata	Intermediário para Oxalá.
Ogum Rompe-Mato	Intermediário para Oxóssi.
Ogum Beira-Mar	Intermediário para Xangô.
Ogum de Malê	Intermediário para Yorimá.
Ogum Megê	Intermediário para Yori.
Ogum Iara	Intermediário para Iemanjá.

Cores

As principais são vermelho (Umbanda); azul royal e verde (Candomblé).

Símbolos

Quando se tratam de Orixás, símbolos não são apenas símbolos. Por exemplo, o símbolo de um Orixá num ponto riscado abre dimensões para o trabalho espiritual.

O mesmo se dá com as ferramentas de Orixás: quando Iemanjá dança num barracão e utiliza seu abebê, estão sendo cortadas energias deletérias e disseminados os Axés dos Orixás.

Símbolos metálicos

Espada, ferramentas, ferradura, escudo, lança.

Mariô

Folhas de palmeiras desfiadas, utilizadas como espécie de saiote e também sobre as portas de casas (de Santo, residenciais e outras) para proteção.

Saudações

Ogum iê! ou Ogunhê!: Salve Ogum!

Patacori!: Significa "Cabeça coroada!" ou "Aquele que corta cabeças!". A segunda acepção pode parecer violenta, mas na Umbanda, cada vez se entende mais que Ogum corta o Ori dos pensamentos velhos, para que o Ori renovado cresça, se desenvolva.

Dia da semana

Terça-feira.

Tarô

No *Tarô dos Orixás* de Eneida Duarte Gaspar, Ogum é associado à carta VII do Tarô de Marselha, O Carro: Um conquistador coroado (amarelo) apresenta-se em pé num carro em forma de cubo (carro = corpo material).

No peito, usa uma armadura (proteção para os chakras). A moldura da figura formada por quatro mastros (note-se: com equilíbrio das cores) demonstra ainda certo apego à matéria.

Os cavalos, em direções opostas e com expressões distintas, representam as contradições (passividade e atividade etc.). Além disso, a cabeça escura encara a clara, enquanto esta ignora a aquela, de maneira a evocar a resistência do lado luz em reconhecer o lado sombra.

Enquanto o cetro é amarelo, uma das mangas é amarela, e a outra, vermelha. No tórax da figura tem-se o azul. As ombreiras apresentam feições, também distintas, como as dos cavalos. Representam Urim e Tumim, utilizados como oráculo para conhecer o divino (A *Bíblia* e *O Livro de Mórmon* referem-se a esse oráculo.). No centro, vicejam plantas.

- Significado básico de O Carro: Triunfo merecido. Sucesso, sobretudo em tudo iniciado sob a influência de Júpiter. Viagens bem-sucedidas. Trabalhos executados com sucesso. Vitória sobre os obstáculos.
- Significado básico oposto de O Carro: Colapso inesperado de planos. Doenças. Fracassos. Prejuízos. Perdas no último momento.

No *Tarô dos Orixás*, conforme a própria Eneida Duarte Gaspar,

> *[...] Representa o fogo do interior da terra: a lava do vulcão e a fornalha do ferreiro. É um Orixá ligado á civilização. Seu mundo é o do ferro, do fogo e da tecnologia. Tanto o guerreiro como o cirurgião, o ferreiro e o mecânico estão sob sua proteção. Ogum, como o guerreiro triunfador do Carro, encontrou seu caminho e assumiu a direção de sua viagem. Seu prazer é estar em movimento, lutando pelo que quer conquistar. Diz ele que agora tem completo domínio sobre os acontecimentos à sua volta, abandonou as dúvidas e não vai abrir mão do que quer. Tem uma meta definida e controla as forças à sua disposição. Este é o momento de conquistar seu lugar no mundo, de realizar sua grande viagem que tanto pode resultar na descoberta do desconhecido (interior ou exterior), como no retorno para casa após todas as conquistas e provações. (pp. 9-10).*

Obviamente as lâminas ou cartas apresentam-se com significado mais profundo durante a leitura, em especial conforme a posição que assumem no jogo e com relação às outras cartas.

Sincretismo

(...)
Quando os povos d'África chegaram aqui
Não tinham liberdade de religião.
Adotaram o Senhor do Bonfim:
Tanto resistência, quanto rendição.

Quando, hoje, alguns preferem condenar
O sincretismo e a miscigenação,
Parece que o fazem por ignorar
Os modos caprichosos da paixão.

Paixão que habita o coração da natureza-mãe
E que desloca a história em suas mutações,
Que explica o fato de Branca de Neve amar
Não a um, mas a todos os Sete Anões.
(...)

(Gilberto Gil)

A senzala foi um agregador do povo africano. Escravos muitas vezes apartados de suas famílias e divididos propositadamente em grupos culturais e linguisticamente diferentes – por vezes antagônicos, para evitar rebeliões –, organizaram-se de modo a criar uma pequena África, o que

posteriormente se refletiu nos terreiros de Candomblé, onde Orixás procedentes de regiões e clãs diversos passaram a ser cultuados numa mesma casa religiosa.

Entretanto, o culto aos Orixás era velado, uma vez que a elite branca católica considerava as expressões de espiritualidade e fé dos africanos e seus descendentes como associada ao mal, ao Diabo cristão, caracterizando-a pejorativamente de primitiva.

Para manter sua liberdade de culto, ainda que restrita ao ambiente da senzala, ou, de modo escondido, nos pontos de força da natureza ligados a cada Orixá, os escravizados recorreram ao sincretismo religioso, associando cada Orixá a um santo católico. Tal associação também apresenta caráter plural e continuou ao longo dos séculos, daí a diversidade de associações sincréticas.

Hoje, por um lado, há um movimento de "reafricanização" do Candomblé, dissociando os Orixás dos santos católicos; por outro lado, muitas casas ainda mantêm o sincretismo, e muitos zeladores-de-santo declaram-se católicos.

No caso da Umbanda, algumas casas, por exemplo, não se utilizam de imagens de santos católicos, representando os Orixás em sua materialidade por meio dos otás, entretanto, a maioria ainda se vale de imagens católicas, entendendo o sincretismo como ponto de convergência de diversas matrizes espirituais.

De certa forma, o sincretismo também foi chancelado pelo fato de popularmente Orixá passar a ser conhecido como "Santo" (Orixá de energia masculina/pai/aborô.) ou "Santa" (Orixá de energia feminina/mãe/iabá.), o que reforça a associação e correspondência com os santos católicos, seres

humanos que, conforme a doutrina e os dogmas católicos, teriam se destacado por sua fé ou seu comportamento.

Energia masculina e energia feminina de cada Orixá não têm necessariamente relação com gênero e sexualidade tal qual conhecemos e vivenciamos, tanto que, em Cuba, Xangô é sincretizado com Santa Bárbara.

Ainda sobre o vocábulo "Santo" como sinônimo de Orixá, as traduções mais próximas para os termos *babalóòrisá* e *iyálorìsa* seriam pai ou mãe-**no**-santo, contudo o uso popular consagrou pai ou mãe-**de**-santo. Para evitar equívocos conceituais e/ou teológicos, alguns sacerdotes utilizam-se do termo zelador ou zeladora-de-santo.

Em célebre entrevista concedida ao jornal "A Tarde", em 24 de junho de 2001, o zelador-de-santo Agenor Miranda trata de diversos temas que apareceram em entrevistas anteriores.

Duas perguntas tratam de sincretismo e devoção a santos católicos. As mesmas declarações a respeito do sincretismo no Candomblé poderiam, certamente, ser aplicadas ao sincretismo na Umbanda.

P – Na Bahia do Senhor do Bonfim, o sincretismo religioso está muito presente. Qual a sua opinião sobre o sincretismo, considerando que o senhor é um zelador-de-santo, filho de pais católicos?

R – Não há crime nenhum no sincretismo, porque, se não fosse o sincretismo, não haveria candomblé hoje. Essa é que é a verdade. As mães-de-santo e os pais-de-santo não querem o sincretismo. Mas tem que haver. Se não fosse o sincretismo, como é que o candomblé iria sobreviver até hoje? Teria morrido. Agora, eles não gostam quando eu falo isso. Mas eu falo o que sinto. Não falo pelos outros, falo por mim.

P – O senhor é devoto de Santo Antônio e de São Francisco de Assis e vai sempre à cidade de Assis, na Itália, venerar São Francisco. Como é que o senhor lida com isso dentro do candomblé? Existe preconceito?

R – *Se há preconceitos, é com eles. Eu sou eu. Nunca tive conflito. E, agora, tem mais uma coisa: eu sou do santo, católico e espírita. Assim como na família: nem todos são iguais, mas convivem bem. Não é isso? É uma questão de fé.*

Não apenas o sincretismo, mas também a convivência, nem sempre pacífica, é verdade, entre religiões em solo e corações brasileiros. A partir da entrevista de Agenor Miranda, evocam, ainda, os seguintes versos de Zeca Pagodinho ("Ogum"):

Sim, vou à igreja festejar meu protetor
E agradecer por eu ser mais um vencedor
Nas lutas, nas batalhas.
Sim, vou ao terreiro pra bater o meu tambor
Bato cabeça firmo ponto sim senhor
Eu canto pra Ogum

A espiritualidade do povo brasileiro é bastante dialógica, sincrética e dinâmica.

Principais formas de sincretismo de Ogum:

SÃO JORGE (23 de abril) – Mártir da fé cristã no século IV, cavaleiro da Capadócia que, segundo a lenda, teria vencido um dragão. Forma mais comum de sincretismo na Umbanda.

SANTO ANTÔNIO (13 de junho) – Talvez a associação de Exu com o franciscano do século XIII seja porque o mesmo foi canonizado no dia de Pentecostes, ao qual se associam

línguas de fogo descendo do céu, sendo o fogo o elemento do Orixá Exu. Certamente a associação se dá porque Antônio era missionário, peregrino, caminhando sempre. Forma mais comum de sincretismo no Candomblé, onde Oxóssi é geralmente sincretizado com São Jorge, e não Ogum. Também há casas de Umbanda em que Ogum de Ronda comumente é sincretizado com Santo Antônio.

Comidas e bebidas

A cozinha é local para o preparo de pratos ritualísticos e mesmo para cuidados gerais da casa. Alguns terreiros (em especial de Umbanda) não dispõem de cozinha, sendo utilizada a da casa do dirigente espiritual ou de algum médium.

Em linhas gerais, o uso ritualístico da cozinha pressupõe o mesmo respeito, o mesmo cuidado de outras cerimônias de Candomblé e Umbanda, como os xirês e as giras, as entregas (oferendas) e outros: roupas apropriadas, padrão de pensamento específico e centramento necessário etc.

Além disso, os médiuns devem ser cruzados para a cozinha e/ou estarem autorizados a nela trabalhar. No Candomblé, bem como em algumas casas de Umbanda com forte influência dos Cultos de Nação, destaca-se a figura da Iabassê, a responsável maior pelo preparo das comidas sagradas.

Embora se faça uso de comidas e bebidas sagradas em vários momentos da caminhada espiritual da vida dos filhos e sacerdotes/sacerdotisas, os momentos mais conhecidos são as chamadas obrigações. Cada vez mais se consideram as obrigações não apenas como um compromisso, mas, literalmente como uma maneira de dizer obrigado(a).

Em linhas gerais, as obrigações se constituem em oferendas feitas para, dentre outros, agradecer, fazer pedidos,

reconciliar-se, isto é, reequilibrar a própria energia com as energias dos Orixás.

Os elementos oferendados, em sintonia com as energias de cada Orixá, serão utilizados pelos mesmos como combustíveis ou repositores energéticos para ações magísticas, da mesma forma que o álcool, o alimento e o fumo utilizados quando o médium está incorporado. Daí a importância de cada elemento ser escolhido com amor, qualidade, devoção e pensamento adequado.

Existem obrigações menores e maiores, variando de terreiro para terreiro; periódicas ou solicitadas de acordo com as circunstâncias, conforme o tempo de desenvolvimento mediúnico e a responsabilidade de cada um com seus Orixás; com sua coroa, como no caso da saída (Quando o médium deixa o recolhimento e, após período de preparação, apresenta solenemente seu Orixá, ou é, por exemplo, apresentado como sacerdote ou ogã.) e outros.

Embora cada casa siga um núcleo comum de obrigações fixadas e de elementos para cada uma delas, dependendo de seu destinatário, há uma variação grande de cores, objetos, características. Portanto, para se evitar o uso de elementos incompatíveis para os Orixás, há que se dialogar com a Espiritualidade e com os dirigentes espirituais, a fim de que tudo seja corretamente empregado ou, conforme as circunstâncias, algo seja substituído.

A cozinha dos Orixás migrou para as mesas e barracas de quitutes brasileiros, pela variedade de sabores, temperos e cores.

- Comidas: cará, feijão-mulatinho com camarão e dendê, manga espada, feijoada (branca ou de feijão-preto, conforme a casa).
- Bebidas: cerveja branca, vinho tinto.

Corpo humano e chacras

Por serem ecológicas, as religiões de mátria africana visam ao equilíbrio do trinômio corpo, mente e espírito (holismo); isto é, a saúde física, o padrão de pensamento e o desenvolvimento espiritual de cada indivíduo.

O corpo humano traz em si os quatro elementos básicos da natureza, aos quais se ligam os Orixás. É o envoltório, a casa do espírito, sente dor e prazer. É, ainda, o meio (médium) pelo qual a Espiritualidade literalmente se corporifica, seja por meio da chamada incorporação, intuição, psicografia etc. Portanto, deve ser tratado com equilíbrio, respeito e alegria.

Assim como na tradição hebraico-cristã, segundo a qual Deus e os seres humanos viviam juntos no Éden, a tradição iorubá relata que havia livre acesso aos seres humanos entre o Aiê (Em tradução livre, o plano terreno.) e o Orum (Em tradução livre, o plano espiritual.).

Com a interrupção desse acesso, foi necessário estabelecer uma nova ponte, por meio do culto aos Orixás, em África, o que se amalgamou e resultou, no Brasil, no Candomblé e, em linha histórica diacrônica (Para a Espiritualidade o *timing* é sincrônico e em espiral.), nas demais religiões de matriz africana.

No relato registrado e anotado por Reginaldo Prandi[5]:

*No começo não havia separação entre
o Orum, o Céu dos orixás,
e o Aiê, a Terra dos humanos.
Homens e divindades iam e vinham,
coabitando e dividindo vidas e aventuras.
Conta-se que, quando o Orum fazia limite com o Aiê,
um ser humano tocou o Orum com as mãos sujas.
O céu imaculado do Orixá fora conspurcado.
O branco imaculado de Obatalá se perdera.
Oxalá foi reclamar a Olorum.
Olorum, Senhor do Céu, Deus Supremo,
irado com a sujeira, o desperdício e a displicência dos mortais,
soprou enfurecido seu sopro divino
e separou para sempre o Céu da Terra.
Assim, o Orum separou-se do mundo dos homens
  e nenhum homem poderia ir ao Orum e retornar de lá
com vida.
  E os orixás também não podiam vir à Terra com seus corpos.
  Agora havia o mundo dos homens e o dos orixás,
separados.
  Isoladas dos humanos habitantes do Aiê, as divindades
entristeceram.
  Os orixás tinham saudades de suas peripécias entre
os humanos
    e andavam tristes e amuados.*

---

5. A escolha se deu porque Prandi, em seus textos literários, é verdadeiro griô (contador de histórias), mestre das palavras que honram, na escrita, a oralidade africana.

Foram queixar-se com Olodumaré, que acabou consentindo que os orixás pudessem vez por outra retornar à Terra.

Para isso, entretanto, teriam que tomar o corpo material de seus devotos.

Foi a condição imposta por Olodumaré

Oxum, que antes gostava de vir à Terra brincar com as mulheres,

dividindo com elas sua formosura e vaidade,

ensinando-lhes feitiços de adorável sedução e irresistível encanto,

recebeu de Olorum um novo encargo:

preparar os mortais para receberem em seus corpos os orixás.

Oxum fez oferendas a Exu para propiciar sua delicada missão.

De seu sucesso dependia a alegria dos seus irmãos e amigos orixás.

Veio ao Aiê e juntou as mulheres à sua volta,

banhou seus corpos com ervas preciosas,

cortou seus cabelos, raspou suas cabeças,

pintou seus corpos.

Pintou suas cabeças com pintinhas brancas,

como as pintas das penas da conquém,

como as penas da galinha-d'angola.

Vestiu-as com belíssimos panos e fartos laços,

enfeitou-as com joias e coroas.

O ori, a cabeça, ela adornou ainda com a pena ecodidé,

pluma vermelha, rara e misteriosa do papagaio-da-costa.

Nas mãos as fez levar abebês, espadas, cetros,

e nos pulsos, dúzias de dourados indés[6].

---

6. Indé – pulseira.

*O colo cobriu com voltas e voltas de coloridas contas
e múltiplas fieiras de búzios, cerâmicas e corais.
Na cabeça pôs um cone feito de manteiga de ori,
finas ervas e obi mascado,
com todo condimento de que gostam os orixás.
Esse oxô atrairia o orixá ao ori da iniciada e
o orixá não tinha como se enganar em seu retorno ao Aiê.
Finalmente as pequenas esposas estavam feitas,
estavam prontas, e estavam odara[7].
As iaôs eram a noivas mais bonitas
que a vaidade de Oxum conseguia imaginar.
Estavam prontas para os deuses.
Os orixás agora tinham seus cavalos,
podiam retornar com segurança ao Aiê,
podiam cavalgar o corpo das devotas.
Os humanos faziam oferendas aos orixás,
convidando-os à Terra, aos corpos das iaôs.
Então os orixás vinham e tomavam seus cavalos.
E, enquanto os homens tocavam seus tambores,
vibrando os batás e agogôs, soando os xequerês e adjás,
enquanto os homens cantavam e davam vivas e aplaudiam,
convidando todos os humanos iniciados para a roda do xirê,
os orixás dançavam e dançavam e dançavam.
Os orixás podiam de novo conviver com os mortais.
Os orixás estavam felizes.
Na roda das feitas, no corpo das iaôs,
eles dançavam e dançavam e dançavam.
Estava inventado o candomblé.*

---

7. Odara – lindo(a).

Com relação ao corpo humano, Ogum rege: sistema nervoso, mãos, pulso, sangue.

Em termos gerais, chacras (rodas) são centros de energia físico-espirituais espalhados por diversos pontos dos corpos físico e espirituais que revestem o físico. Os chacras mais conhecidos são sete, os que estão nas mãos e pés são também muito importantes para o exercício da mediunidade.

O chacra a que se associa Ogum é o umbilical, 3º Chacra, cujo nome em sânscrito é Manipura (Cidade das joias) e os nomes mais conhecidos em português são Plexo Solar e Umbilical.

Localizado na região do diafragma, pouco acima do estômago, quando ativo tem a cor amarela. Seu elemento correspondente no mundo físico é o fogo. Seu som (bija), segundo segmentos religiosos e espiritualistas indianos, é RAM.

O centro físico do plexo solar corresponde ao pâncreas, responsável pela transformação e digestão dos alimentos. O pâncreas produz o hormônio insulina, o qual equilibra o açúcar no sangue e transforma o hidrato de carbono. Além disso, as enzimas isoladas pelo pâncreas são fundamentais para a assimilação de gorduras e proteínas.

O plexo solar é o centro psicológico para a evolução da mente pessoal e da vontade de saber, aprender, comunicar e participar. Acumula padrões negativos decorrentes dos esforços para desenvolver a inteligência, a expressão de ideias, pensamentos e sonhos. Quando em desequilíbrio, produz, dentre outros, desordens no trato digestivo, diabetes, alergias, sinusite e insônia. Também regido por Oxum.

Elemento e ponto de força

Pontos da natureza são pontos de forças naturais, tais como pedreiras, matas, cachoeiras etc. Pontos de força são locais que funcionam como verdadeiros portais para a Espiritualidade.

Cada centro de força corresponde a determinado Orixá, Guia ou Guardião, por afinidades de elementos. Além dos pontos da natureza, há outros como cemitérios e estradas, por exemplo.

Para alguns segmentos, seu elemento é o fogo; para outros, a terra.

Os pontos da natureza relacionados a Ogum são estradas e caminhos, estradas de ferro, meio da encruzilhada.

A respeito da relação entre os Orixás e os quatro elementos básicos, vale a pena uma breve descrição sobre os Elementais.

Elementais

Os elementais são seres conhecidos nas mais diversas culturas, com características e roupagens mais ou menos semelhantes. Ligam-se aos chamados quatro elementos (terra, água, ar, fogo), daí sua importância ser reconhecida na Umbanda, a qual se serve dos referidos elementos, tanto em seus aspectos físicos quanto em sua contrapartida etérica.

Elemento Terra

Dríades	Trabalham nas florestas, diretamente nas árvores, ligam-se ao campo vibratório do Orixá Oxóssi. Possuem cabelos compridos e luminosos.
Gnomos	Trabalham no duplo etérico das árvores.
Fadas	Manipulam a clorofila das plantas (matizes e fragrâncias), de modo a formar pétalas e brotos. Associam-se à vida das células da relva e de outras plantas.
Duendes	Cuidam da fecundidade da terra, das pedras e dos metais preciosos e semipreciosos.

Elemento Água

Sereias	Atuam nas proximidades de oceanos, rios e lagos, com energia e forma graciosas.
Ondinas	Atuam nas cachoeiras, auxiliando bastante nos trabalhos de purificação realizados pela Umbanda nesses pontos de força.

Elemento Ar

Silfos	Apresentam asas, como as fadas, movimentando-se com grande rapidez. Atuam sob a regência de Oxalá.

Elemento Fogo

Salamandras	Atuam na energia ígnea solar e no fogo de modo geral. Apresentam-se como correntes de energia, sem se afigurarem propriamente como humanos.

Incompatibilidades

As chamadas quizilas (Angola) ou euós (iorubá) são energias que destoam das energias dos Orixás, seja no tocante à alimentação, hábitos, cores etc. No caso da Umbanda, as restrições alimentares, de bebidas, cores etc. ocorrem nos dias de gira, em períodos e situações específicas.

Fora isso, tudo pode ser consumido, sempre de modo equilibrado. Ao contrário, no Candomblé, há, por exemplo, comidas (frutas, pratos e outros) de determinado Orixá que, em dadas circunstâncias (Orixá de cabeça, Orixá chefe do terreiro etc.) só devem ser consumidas no próprio terreiro, e não no dia a dia.

A principal incompatibilidade de Ogum, segundo alguns segmentos afro-religiosos tradicionais é o quiabo, em virtude das diferenças e da rivalidade com Xangô, conforme a riqueza dos diversos relatos mitológicos a representarem energias, elementos, temperamentos e outros muitas vezes opostos e/ou incompatíveis.

Na Umbanda, evidentemente não se serve quiabo a Ogum, o que não significa que um médium não incorpore Xangô e Ogum e que esses Orixás não convivam harmoniosamente na coroa do médium.

Ervas e flores

Fundamentais nos rituais de Umbanda, para banhos, defumações, chás e outros, as ervas devem ser utilizadas com orientação da Espiritualidade e do dirigente espiritual.

Não apenas os nomes das ervas variam de região para região, de casa para casa, mas também as maneiras de selecioná-las, manipulá-las e prepará-las. Daí a necessidade de orientação e direcionamento para seu uso ritualístico.

Banhos

A água, enquanto elemento de terapêutica espiritual, é empregada em diversas tradições espirituais e/ou religiosas. Na Umbanda, em poucas palavras, pode-se dizer que a indicação, as formas de preparo, os cuidados, a coleta, sua ritualística ou a compra de folhas, dentre tantos aspectos, devem ser orientados pela Espiritualidade e/ou pela direção espiritual de uma casa.

As variações são muitas, contudo procuram atender a formas específicas de trabalhos, bem como aos fundamentos da Umbanda.

A seguir um quadro sintético dos tipos mais comuns de banhos empregados na Umbanda.

Banhos de descarga/ descarrego	Servem para livrar a pessoa de energias deletérias, de modo a reequilibrá-la. Pode ser de ervas ou de sal grosso, ou, ainda, serem acrescidos outros elementos.
Banho de descarga com ervas	Após esse banho, as ervas devem ser recolhidas e despachadas na natureza ou em água corrente. Depois desse banho, aconselha-se um banho de energização.
Banho de sal grosso	Banho de limpeza energética, do pescoço para baixo, depois do qual comumente devem ser feitos banhos de energização, a fim de se equilibrarem as energias, visto que, além de retirar as negativas, também se descarregam as positivas. Alguns o substituem pelo próprio banho de mar.
Banhos de energização	Ativam as energias dos Orixás e Guias, afinando-as com as daquele que toma os banhos. Melhoram, portanto, a sintonia com a Espiritualidade, ativam e revitalizam funções psíquicas, melhoram a incorporação etc.
Amaci	Banho mais comum, da cabeça aos pés, ou só de cabeça, orientado por Entidades ou pelo Guia-chefe do dirigente espiritual. Existem também amacis periódicos para o corpo mediúnico, que ritualisticamente o toma.
Banho natural de cachoeira	Possui a mesma função dos banhos de mar, porém em água doce. O choque provocado pela queda d´água limpa energiza. Melhor ainda quando feito em cachoeiras próximas das matas e sob o Sol.

Banho natural de chuva	Limpeza de grande força, é associado ao Orixá Nanã.
Banho natural de mar	Muito bom para descarregos e energização, em especial sob a vibração de Iemanjá.

Sacudimentos

Ritual de limpeza espiritual com o intuito de expulsar energias negativas de pessoa ou ambiente.

Para tanto, empregam-se folhas fortes que são batidas na pessoa ou no ambiente ("surra"), pólvora queimada no local em que se realiza o ritual e, em algumas casas, comidas e aves em contato com a pessoa ou o ambiente, os quais serão posteriormente oferecidos aos eguns (as aves soltas, vivas).

O ritual é completado com banho, no caso de pessoa, e com a defumação do corpo ou do local do sacudimento.

No Candomblé e em algumas casas de Umbanda (geralmente as ditas cruzadas), também são utilizadas aves, que, depois do sacudimento, são soltas.

Defumações

Uma das mais conhecidas formas de limpeza energética feita na Umbanda, a defumação ocorre não apenas no início dos trabalhos (especialmente das giras), mas em outros locais e circunstâncias onde se fizerem necessárias.

As maneiras de se defumar um terreiro ou outro local variam (em casa ou local de trabalho, por exemplo, fazendo ou não um percurso em X em cada cômodo). Contudo, no caso

de residência ou comércio, prevalece o hábito de se defumar dos fundos para a porta de entrada (limpeza) e da porta de entrada para os fundos (energização).

Com diversas variações, em virtude da diversidade litúrgica e terapêutica das religiões de matriz africana, associam-se a Ogum os seguintes elementos elencados abaixo.

- Ervas: peregum verde, são-gonçalinho, quitoco, mariô, lança-de-ogum, coroa-de-ogum, espada-de-ogum, canela-de-macaco, erva-grossa, parietária, nutamba, alfavaquinha, bredo, cipó-chumbo.
- Flores: cravos, crista de galo, palmas vermelhas.

Planeta

Neste contexto, nem todo astro, segundo a Astronomia, é planeta, contudo essa é a terminologia mais comum nos estudos espiritualistas, esotéricos etc.

O planeta associado ao Orixá é Marte, uma vez que Ogum é marcial, guerreiro, combativo.

Algumas qualidades

Qualidades são tipos ou caminhos de determinado Orixá. São diversas as qualidades, com variações (Fundamentos, nações, casas, representações, entre Umbanda e Candomblé etc.). Enquanto, por exemplo, Iansã Topé caminha com Exu, Iansã Igbale caminha com Obaluaê. Xangô Airá, por sua vez, caminha com Oxalá.

Como são diversas as qualidades e variações, neste trabalho, optou-se por apresentar as qualidades como "algumas".

A seguir, algumas das qualidades mais conhecidas e comuns no Candomblé.

Xoroquê	Fundamento com Exu.
Ogum-já	Fundamento com Oxalá.
Ogum Oares	Fundamento com Oxum, Logun-Edé e Oxalá.
Ogum Aiaká	Fundamento com Oxalá e Iemanjá.

Registros

A oralidade é bastante privilegiada no Candomblé, tanto para a transmissão de conhecimentos e segredos (os awós) quanto para a aprendizagem de textos ritualísticos. Nesse contexto, entre cantigas e rezas, que recebem nomes diversos conforme a Nação, destacam-se os itãs e os orikis.

Itãs são relatos míticos da tradição iorubá, notadamente associados aos 256 odus (16 odus principais X 16).

Conforme a tradição afro-brasileira, cada ser humano é ligado diretamente a um Odu, que lhe indica seu Orixá individual, bem como sua identidade mais profunda. Variações à parte (Nações, casas etc.), os dezesseis Odus principais são assim distribuídos:

Caídas	Odus	Regências
01 búzio aberto e 15 búzios fechados	Okanran	Fala: Exu Acompanham: Xangô e Ogum
02 búzios abertos e 14 búzios fechados	Eji-Okô	Fala: Ibejis Acompanham: Oxóssi e Exu
03 búzios abertos e 13 búzios fechados	Etá-Ogundá	Fala: Ogum

Caídas	Odus	Regências
04 búzios abertos e 12 búzios fechados	Irosun	Fala: Iemanjá Acompanham: Ibejis, Xangô e Oxóssi
05 búzios abertos e 11 búzios fechados	Oxé	Fala: Oxum Acompanha: Exu
06 búzios abertos e 10 búzios fechados	Obará	Fala: Oxóssi Acompanham: Xangô, Oxum, Exu
07 búzios abertos e 09 búzios fechados	Odi	Fala: Omulu/Obaluaê Acompanham: Iemanjá, Ogum, Exu e Oxum
08 búzios abertos e 08 búzios fechados	Eji-Onilé	Fala: Oxaguiã
09 búzios abertos e 07 búzios fechados	Ossá	Fala: Iansã Acompanham: Iemanjá, Obá e Ogum
10 búzios abertos e 06 búzios fechados	Ofun	Fala: Oxalufá Acompanham: Iansã e Oxum
11 búzios abertos e 05 búzios fechados	Owanrin	Fala: Oxumarê Acompanham: Xangô, Iansã e Exu
12 búzios abertos e 04 búzios fechados	Eji-Laxeborá	Fala: Xangô
13 búzios abertos e 03 búzios fechados	Eji-Ologbon	Fala: Nanã Buruquê Acompanha: Omulu/Obaluaê

Caídas	Odus	Regências
14 búzios abertos e 02 búzios fechados	Iká-Ori	Fala: Ossaim Acompanham: Oxóssi, Ogum e Exu
15 búzios abertos e 01 búzio fechado	Ogbé-Ogundá	Fala: Obá
16 búzios abertos	Alafiá	Fala: Orumilá

O vocábulo "itã" quase não é empregado na Umbanda, contudo os relatos míticos/mitológicos se disseminam com variações, adaptações etc.

Uma das características da Espiritualidade do Terceiro Milênio é a (re)leitura e a compreensão do simbólico. Muitos devem se perguntar como os Orixás podem ser tão violentos, irresponsáveis e mesquinhos, como nas histórias aqui apresentadas. Com todo respeito aos que creem nesses relatos ao pé da letra, as narrativas são caminhos simbólicos riquíssimos encontrados para tratar das energias de cada Orixá e de valores pessoais e coletivos. Ao longo do tempo puderam ser ouvidas e lidas como índices religiosos, culturais, pistas psicanalíticas, oralitura e literatura.

Para vivenciar a espiritualidade das religiões de matriz africana de maneira plena, é preciso distinguir a letra e o espírito, não apenas no tocante aos mitos e às lendas dos Orixás, mas também aos pontos cantados, aos orikis etc.

Quando se desconsidera esse aspecto, existe a tendência de se desvalorizar o diálogo ecumênico e inter-religioso, assim como a vivência pessoal da fé. O simbólico é um grande instrumento para a reforma íntima, o autoaperfeiçoamento, a evolução.

Ressignificar esses símbolos, seja à luz da fé ou da cultura, é valorizá-los ainda mais, em sua profundidade e também em sua superfície, ou seja, em relação ao espírito e ao corpo, à transcendência e ao cotidiano, uma vez que tais elementos se complementam.

Um ouvinte/leitor mais atento à interpretação arquetípica psicológica (ou psicanalista) certamente se encantará com as camadas interpretativas da versão apresentada para o relato do ciúme que envolve Obá e Oxum em relação ao marido, Xangô.

Os elementos falam por si: Oxum simula cortar as duas orelhas para agradar ao marido; Obá, apenas uma. O ciúme, como forma de apego, é uma demonstração de afeto distorcida unilateral, embora, geralmente, se reproduza no outro, simbioticamente, pela lei de atração dos semelhantes, segundo a qual não há verdugo e vítima, mas cúmplices, muitas vezes inconscientes.

A porção mutilada do ser é a orelha, que na abordagem holística, associa-se ao órgão sexual feminino, ao aspecto do côncavo, e não do convexo. Aliás, *auricula* (*orelha*, em latim) significa, literalmente, *pequena vagina*. O fato de não haver relação direta entre latim e iorubá apenas reforça que o inconsciente coletivo e a sabedoria ancestral são comuns a todos e independem de tempo e espaço.

Na definição de Nei Lopes, oriki é: "Espécie de salmo ou cântico de louvor da tradição iorubá, usualmente declamado ao ritmo de um tambor, composto para ressaltar atributos e realizações de um orixá, um indivíduo, uma família ou uma cidade.".

Enquanto gênero, o oriki é constantemente trazido da oralitura para a literatura, sofrendo diversas alterações. Uma delas é o chamado orikai, termo cunhado por Arnaldo Xavier, citado por Antonio Risério:

> [...] para haicai (Poema de origem japonesa com características próprias, porém também com uma série de adaptações formais específicas à poesia de cada país.) que se apresente com oriki (Especialmente no que tange ao louvor e à ressignificação de atributos dos Orixás.).

Na Umbanda, os pontos cantados são alguns dos responsáveis pela manutenção da vibração das giras e de outros trabalhos. Verdadeiros mantras, mobilizam forças da natureza, atraem determinadas vibrações, Orixás, Guias e Entidades.

Com diversidade, o ponto cantado impregna o ambiente de determinadas energias enquanto o libera de outras finalidades, representa imagens e traduz sentimentos ligados a cada vibração, variando de Orixá para Orixá, Linha para Linha, circunstância para circunstância etc. Aliado ao toque e às palmas, o ponto cantado é um fundamento bastante importante na Umbanda e em seus rituais.

Em linhas gerais, dividem-se em pontos de raiz, trazidos pela Espiritualidade, e terrenos, elaborados por encarnados e apresentados à Espiritualidade, que os ratifica.

Há pontos cantados que migraram para a Música Popular Brasileira (MPB) e canções de MPB que são utilizadas como pontos cantados em muitos templos.

Em seguida, exemplos de itãs, orikis, pontos cantados e canções.

Itãs

Em Ifé, Orixás e seres humanos conviviam, caçavam e plantavam com instrumentos de madeira, metal mole ou pedra.

A população cresceu de tal forma que começou a escassear alimento.

Os Orixás se reuniram para deliberar sobre o aumento da lavoura.

Ossaim se dispôs a limpar o terreno, porém seu instrumento de trabalho não tinha a firmeza suficiente, era de metal mole.

Assim aconteceu com os demais Orixás.

Ogum, que conhecia o segredo do ferro, manteve-se calado.

Quando os demais Orixás haviam tentado, sem sucesso, limpar o terreno, Ogum, com seu facão de ferro, conseguiu realizar a tarefa.

Todos ficaram admirados. Ogum revelou que havia recebido de Orumilá o segredo do ferro.

Ogum tornou-se rei e, em troca, ensinou aos Orixás e aos homens o segredo do ferro, importante para a agricultura, a caça e a guerra.

Mesmo rei, Ogum continuou um caçador, a embrenhar-se na mata.

Certa ocasião voltou da floresta, depois de muitos dias, sujo, sendo, então, desprezado pelos Orixás, que resolveram não tê-lo mais como rei.

Ogum, então, banhou-se, vestiu-se com mariô (folhas de palmeiras desfiadas) e partiu, com suas armas, para Irê.

Contudo, os humanos não o esqueceram e sempre o celebram como senhor do ferro.

Orixá da tecnologia, da cultura (tudo o que é criado pelo homem), Ogum é patrono do progresso e do aprendizado humano.

Ogum havia partido para uma de tantas guerras das quais voltava vitorioso. Chegou a Irê, sua cidade, faminto e com sede; contudo ninguém parecia notar sua presença, falando com ele ou mesmo olhando em seus olhos.

A cidade toda guardava silêncio ritual, mas Ogum não se deu conta disso. Sentindo-se ofendido, sacou sua espada e cortou a cabeça dos filhos de seu próprio povo.

Quando o período de silêncio terminou, o filho de Ogum e súditos que sobreviveram à matança vieram prestar-lhe homenagens. Ogum, então, se deu conta do engano e não se deu mais sossego.

Achando que não podia mais ser rei, cravou sua espada no chão, que se abriu e o engoliu.

Ogum foi para o Orum e, assim, tornou-se Orixá.

Com sua ira incontida, Ogum encontra sua sombra, contudo não se deixa paralisar pela dor e galga novo degrau evolutivo, tornando-se Orixá. Sacraliza-se, diviniza-se, assim, por meio do aprendizado doloroso, integrando sua sombra e sua luz, para poder adentrar num novo reino.

Ogum vivia com seus irmãos Exu e Oxóssi em casa de seu pai, Obatalá, e sua mãe, Iemanjá. Sentindo-se atraído por sua mãe, tentou violentá-la diversas vezes, no que era impedido pelos irmãos.

103

Um dia o próprio pai o surpreendeu numa de suas tentativas. Antes que Obatalá o castigasse, Ogum pediu que deixasse que ele mesmo escolhesse seu castigo.

Assim, passou a viver solitário, inclusive sem os cães, que tanto adorava, apenas trabalhando. Apenas Oxóssi sabia de seu paradeiro. Contudo, Ogum preparava pós especiais, e o mundo todo acabou por conhecer seu talento.

Um dia, Oxum chegou a sua casa, e Ogum, tendo experimentado seus encantos, dela se enamorou.

Revogou-se, assim, seu castigo.

Outro relato que trata da integração de sombras e luz da personagem, por meio de aprendizado doloroso e solitário. O tema do tabu do incesto e de tentativas (concretizadas ou não) de ultrapassá-lo aparece nos itãs de diversos Orixás.

Oriki

O oriki seguinte é uma transcriação do iorubá para o português feita por Antonio Risério.

> *Silêncio. Cale-se a fala.*
> *Nada na casa em nada bata.*
> *Inhame novo ninguém vai pilar.*
> *Ninguém vai moer nada.*
> *Não quero ouvir menino vagindo.*
> *Cada mãe que amamente o seu filho.*
> *Quando Ogum despontou*
> *Vestido de fogo e sangue*
> *O pênis de muitos queimou*

Vagina de muitas queimou.
Senhor do ferro
Que enraivecido se morde
Que fere ferroa e engole
Não me morda.
Ogum foi a Pongá – Pongá ruiu
Foi a Akô Irê – Irê ruiu
Chegou ao rio – e as águas dividiu.
Terror que golpeia a vizinhança.
Ogum Oboró, comedor de cães, toma teus cães.
Ogum Onirê sorve sangue.
Molamolá fareja farelos.
Dono da lâmina, cabelo come
Senhor da circuncisão, come caracol
Ogum entalhador, madeira come.
Suminiuá, Ajokeopô.
Não me torture, Ogum terror.
Mão comprida
Que livra teus filhos do abismo
Livra-me.

Ogum é retratado em seus aspectos mais terríveis e devastadores, com sua força geralmente incontida.

Pontos cantados

Querem destruir o meu reinado
Mas Ogum tá de frente
Mas Ogum tá de frente
Eu sou filho de Ogum

> *Tenho o meu corpo fechado*
> *Eu sou filho de Ogum*
> *Mal nenhum vai virar pro meu lado*
> *Quando Oxalá criou a Umbanda*
> *Ogum tomou conta do congá (2X)*
> *Olhe os espinhos da roseira, Ogum iê*
> *Não deixe seus filhos sofrer, Ogum Megê (2X)*

Esses dois pontos cantados evidenciam Ogum como cavaleiro protetor, tradicionalmente o que vence demanda, protegendo os filhos das energias deletérias.

Ogum
(Zeca Pagodinho)

> *Eu sou descendente Zulu*
> *Sou um soldado de Ogum*
> *Um devoto dessa imensa legião de Jorge*
>
> *Eu sincretizado na fé*
> *Sou carregado de axé*
> *E protegido por um cavaleiro nobre*
>
> *Sim vou à igreja festejar meu protetor*
> *E agradecer por eu ser mais um vencedor*
> *Nas lutas nas batalhas*
>
> *Sim vou ao terreiro pra bater o meu tambor*
> *Bato cabeça firmo ponto sim senhor*
> *Eu canto pra Ogum*

Ogum
Um guerreiro valente que cuida da gente que sofre demais
Ogum
Ele vem de Aruanda ele vence demanda de gente que faz
Ogum
Cavaleiro do céu escudeiro fiel mensageiro da paz

Ogum
Ele nunca balança ele pega na lança ele mata o dragão
Ogum
É quem da confiança pra uma criança virar um leão
Ogum
É um mar de esperança que traz abonança pro meu coração

Cowboy Jorge
(Jorge Benjor)

Toca Toca Toca Jorge
Toca Toca Toca Jorge
Ogum [Ogum] Ogum [Ogum] Ogum [Ogum]

Dia 23 continua sendo
Dia de cowboy Jorge
Dia 23 continua sendo
Dia de cowboy Jorge

Na terra, no mar, na terra, no ar
Na terra, no mar, na terra, no ar

Jorge toca com 23 tambores
Jorge toca pra 23 amores
Jorge toca com 23 batuqueiros
Jorge toca para 23 terreiros

Na terra, no mar, na terra, no ar
Na terra, no mar, na terra, no ar

Jorge toca para Deus e para os Santos
Toca pra as crianças e para os anjos
Toca para seu amigo que sofre do coração
Toca para o bem geral da nação
Toca para alegria dominical
Toca para o homem e o animal
Toca para um gol de placa
Para a sensualidade da sua amada

Na terra, no mar, na terra, no ar
Na terra, no mar, na terra, no ar

Jorge toca para a lua e para o sol
Toca para a chuva e para o vento
Toca para o acontecimento do nascimento
Dessa criança dessa esperança
Dessa bonança salve essa criança

Na terra, no mar, na terra, no ar
Na terra, no mar, na terra, no ar

Toca Toca Toca Jorge
Toca Toca Toca Jorge
Ogum [Ogum] Ogum [Ogum] Ogum [Ogum]

Ogum de ronda
(Roque Ferreira e Paulo César Pinheiro)

Na ronda de Ogum
Meu Santo protetor
Com o poder de sua espada
Eu defendo meu amor

É o guardião da Terra
O maior dos Orixás
Ogum é o deus da guerra
Mas guerreia pela paz

Onde eu for que o mal se esconda
E não saia de onde está
Porque eu tenho Ogum de Ronda
No clarão do meu olhar.

Tem samba no mar
(Roque Ferreira e Paulo César Pinheiro)

O cavalo de São Jorge foi passear na areia
Vamos fazer samba que o santo guerreiro hoje está na aldeia
Tem samba no mar, sereia
Tem samba no mar, sereia
Oi, tem samba no mar, sereia
Tem samba no mar sereia
É que diz o povo
Que hoje a poliça não contrareia
Tem samba no mar, sereia
Tem samba no mar, sereia
Quando o cavalo de São Jorge corcoveia

O que é que cai de seu alforje, lua cheia
Luz que alumeia quem samba na beira do mar, sereia
Luz que clareia no samba só me faz lembrar candeia
Vem sambar, que tem samba no mar
Vem sambar que tem samba no mar
Não vadeia quelé Clementina, não vadeia
Eu queria poder pegar na cintura dela
Eu queria poder pegar na cintura dela
Mas seu namorado está de olho nela
Mas seu namorado está de olho nela
O cavalo de São Jorge foi passear na areia
Vamos fazer samba enquanto o cavalo de Ogum passeia
Tem samba no mar, sereia
Tem samba no mar, sereia
Oi, tem samba no mar, sereia
Tem samba no mar, sereia...

Na Música Popular Brasileira, Ogum sincretizado com São Jorge, figura como o grande cavaleiro protetor, defensor, força potente a isolar e proteger de energias negativas, abrindo os caminhos de todos e permitindo/auxiliando a caminhar com mais firmeza.

Orações

Na oração, mais importantes que as palavras são a fé e o sentimento. Entretanto, as palavras têm força e servem como apoio para expressar devoção, alegria, angústias etc.

Vale lembrar que, tanto na letra (palavras) quanto no espírito (motivação, sentimento), JAMAIS uma prece deve ferir o livre-arbítrio de outrem.

Ademais, ao orar, deve-se também abrir o coração para ouvir as respostas e os caminhos enviados pela Espiritualidade de várias maneiras, durante a própria prece, e ao longo de inúmeros momentos e oportunidades ao longo do dia e da caminhada evolutiva de cada um.

No tocante às orações católicas, as mesmas devem ser compreendidas no contexto dos dogmas e preceitos dessa religião, embora, quem faça uso das mesmas, nem sempre se valha dos conceitos ao pé da letra.

Prece a Ogum

(Recolhida por Ernesto Santana)

Orixá protetor, deus das lutas por um ideal, abençoai-me, dai-me forças, fé e esperança.

Senhor Ogum, deus das guerras e das demandas, livrai-me dos empecilhos e dos meus inimigos.

Abençoai-me neste instante e sempre, para que as forças do mal não me atinjam.

Ogum iê, cavaleiro andante dos caminhos que percorremos.

Patacori... Ogum iê...

Ogum, meu pai, vencedor de demandas...

Ogum, saravá, Ogum...

Oração a Ogum de Ronda

(Recolhida por Eulina d´Iansã)

Salve, Ogum de Ronda!

Salve, meu Pai Ogum!

Eu te rogo, senhor das guerras, vencedor de batalhas, de causas difíceis, eu te imploro neste instante que me auxilies nesta minha necessidade (fazer o pedido).

Em minha caminhada, tenho sempre lutado sozinho(a), e na realidade nada tenho conseguido. Assim, hoje venho diante de ti rogar a tua misericórdia, para que eu seja vitorioso(a), pois em tuas batalhas nunca temeste a ninguém, e eu, imbuído(a) de coragem e fé, estarei confiante, que, armado(a) com a tua espada, vencerei todos os obstáculos que houver em minha vida material e espiritual. Axé.

São Jorge

Orações populares (quando se fala em "Oração de São Jorge", pensa-se logo na primeira parte desta oração) de devoção católica, umbandista e outros.

Oração de São Jorge

Eu andarei vestido e armado, com as armas de São Jorge. Para que meus inimigos tendo pés não me alcancem, tendo mãos não me peguem, tendo olhos não me enxerguem, nem pensamentos eles possam ter para me fazerem mal. Armas de fogo o meu corpo não alcançarão, facas e lanças se quebrem sem ao meu corpo chegar, cordas e correntes se quebrem sem ao meu corpo, amarrar.

São Jorge, cavaleiro corajoso, intrépido e vencedor; abre os meus caminhos. Ajuda-me a conseguir um bom emprego; faze com que eu seja bem quisto por todos: superiores, colegas e subordinados. Que a paz, o amor e a harmonia estejam sempre presentes no meu coração, no meu lar e no meu serviço; vela por mim e pelos meus, protegendo-nos sempre, abrindo e iluminando os nossos caminhos, ajudando-nos também a transmitirmos paz, amor e harmonia a todos que nos cercam.

Amém.

Oração da Espada-de-São Jorge

Oh! Glorioso Guerreiro São Jorge, eu te suplico confiante que serei atendido, neste momento difícil da minha vida, em nome de Nosso Senhor Jesus Cristo, com Vossa Espada de Luta, venha cortar todo mal e principalmente (fazer o pedido).

Com a força do teu poder de defesa, eu me coloco na proteção do teu escudo, para combater o bom combate contra todo mal ou influência negativa que estiver em meu caminho.
Amém.

São Jorge Cavaleiro, guia-me. São Jorge Guerreiro, defende-me. São Jorge Mártir, protege-me.

Todo devoto de São Jorge deve usar a espada sempre que rezar esta oração.

Oração para alcançar um emprego

Ó, São Jorge, Cavaleiro corajoso, intrépido e vencedor; abre os meus caminhos, ajuda-me a conseguir um bom emprego, faze com que eu seja bem visto por todos; superiores, colegas e subordinados, que a paz, o amor e a harmonia estejam sempre presentes no meu coração, no meu lar e no serviço, vela por mim e pelos meus, protegendo-nos sempre, abrindo e iluminando os nossos caminhos, ajudando-nos também a transmitirmos paz, amor e Harmonia a todos que nos cercam.
Amém.

Oração da vela de São Jorge

Glorioso São Jorge, pelos vossos merecimentos, pelas vossas virtudes, pela grandiosa Fé em nosso Senhor Jesus Cristo, por Deus, fostes constituído, em protetor de todos que a Ti recorrem, necessitando de vossa proteção, vinde em meu auxílio e levai à presença de Deus o apelo que agora vos faço. (Fazei aqui o pedido.) São Jorge, ofereço esta vela e vos peço. Proteja-me, Guardai-me e Guiai-me por todos os Meus caminhos, com felicidade, Paz e Salvamento, para que eu consiga rapidamente através de vossa proteção a graça que estou suplicando. Amém.

Oração a São Jorge

Ó, Deus onipotente, que nos protegeis pelos méritos e as bênçãos de São Jorge, fazei que este grande mártir, com sua couraça, sua espada, e seu escudo, que representam a fé, a esperança, e a inteligência, Ilumine os nossos caminhos, fortaleça o nosso ânimo nas lutas da vida, dê firmeza à nossa vontade, contra as tramas do maligno, para que, vencendo na terra, como São Jorge venceu, possamos triunfar no céu convosco, e participar das eternas alegrias.

Amém.

Oração poderosa da chave de São Jorge

Com esta chave abençoada eu peço a Deus pela intercessão de São Jorge, que me conceda a graça de abrir meu coração para o bem; meus caminhos para os bons negócios; as portas da prosperidade, da caridade e da paz para eu viver sempre feliz.

Com esta chave, em nome de Deus, eu fecho o meu corpo contra as maldades deste mundo; contra as perseguições e espíritos malignos.

Que meu anjo da guarda sempre me ilumine e me guarde.

Com o poder da fé, misericórdia de Deus e a ajuda de São Jorge.

Amém.

Orações do Manto de São Jorge

São Jorge, guerreiro vencedor do dragão, rogai por nós.

São Jorge, militar valoroso, que com a vossa lança abatestes e vencestes o dragão feroz, vinde em meu auxílio, nas tentações do demônio, nos perigos, nas dificuldades, nas aflições.

Cobri-me com o vosso manto, ocultando-me dos meus inimigos, dos meus perseguidores.

Protegido por vosso Manto, andarei por todos os caminhos, viajarei por todos os mares, de noite e de dia, e os meus inimigos não me verão, não me ouvirão, não me acompanharão. Sob a vossa proteção, não cairei, não derramarei o meu sangue, não me perderei. Assim como o Salvador esteve nove meses no seio de Nossa Senhora, assim eu estarei bem guardado e protegido, sob o vosso manto, tendo sempre São Jorge a minha frente armado de sua lança e do seu escudo.

Amém.

Reflexão sobre o corte

Ogum é o Senhor da Faca. Como o corte (sacrifício ritual) é fundamento no Candomblé e há casas de Umbanda que também o praticam e pelo fato de o culto a Nanã (e, consequentemente, o corte), conforme visto não ser feito com objetos de metal, segue uma breve reflexão a respeito do corte.

Na Umbanda, em cuja fundamentação não existe o corte, embora diversas casas dele se utilizem, por influência dos Cultos de Nação, os elementos animais, quando utilizados (há casas que não os utilizam nem mesmo nas chamadas entregas aos Orixás), crus ou preparados na cozinha, provêm diretamente dos açougues.

No primeiro caso, usam-se, por exemplo, língua de vaca, sebo de carneiro (por vezes confundido com e/ou substituído por manteiga de carité), miúdos etc.

No segundo, nas palavras de Rubens Saraceni,

> [...] Mas só se dá o que se come em casa e no dia a dia. Portanto, não há nada de errado porque a razão de ter de colocar um prato com alguma comida 'caseira' se justifica na cura de doenças intratáveis pela medicina tradicional, causadas por eguns e por algumas forças negativas da natureza. (...) Observem que mesmo os Exus da Umbanda só pedem em suas oferendas partes de aves e de animais

adquiridos do comércio regular, porque já foram resfriados e tiveram decantadas suas energias vitais (vivas), só lhes restando proteínas, lipídios etc., que são matéria.

Os animais criados em terreiros de Candomblé para o corte são muito mais bem cuidados e respeitados do que aqueles criados enjaulados, com alimentação inadequada para engordar etc. O animal, para o corte, não pode sofrer. Algumas partes são utilizadas para rituais, as demais são consumidas como alimento pela comunidade e pelo entorno.

Há casas de Candomblé que não cortam, cortam pouco ou se utilizam, como na Umbanda, de elementos animais comprados no comércio (algumas casas de Ketu com esse procedimentos são chamadas de Ketu frio em contraposição às de Ketu quente, ou seja, as que cortam).

Todas as casas sérias precisam ser respeitadas, pois seus fundamentos são estabelecidos com a Espiritualidade, adaptados ou não. Fundamento é fundamento, diferente de modismos. Por outro lado, há casas que cortam demais, que se vangloriam do número de animais cortados. Contudo, não é a quantidade que faz uma ceia sagrada e comunal saborosa, mas a qualidade do alimento, o preparo com amor etc.

Nesse contexto, despontou o chamado Candomblé Vegetariano, modalidade com fundamentos adaptados para o vegetarianismo capitaneada por Iya Senzaruban (Ile Iya Tunde). Difere do chamado Ketu frio (onde se utilizam elementos animais, mas sem o corte).

Embora diversas casas, ao longo de sua história, tenham extinguido o corte de seus fundamentos, a casa de Iya Senzaruban e as de seus filhos ganharam notoriedade, inclusive pelo número de críticas feitas pela parcela do Povo

de Santo que se posiciona totalmente contrária à abolição do corte no Candomblé.

Com relação ao corte, diálogo, respeito e compreensão são fundamentais para que todos se sintam irmanados, cada qual com sua individualidade e seus fundamentos. Diferenças não precisam ser necessariamente divergências.

Além do sangue propriamente dito (ejé, menga, axorô), importante no Candomblé para a movimentação do Axé, há outros elementos também conhecidos como sangue (vermelho, branco e preto), associados aos reinos animal, vegetal e mineral. Todos são importantíssimos condensadores energéticos, o que não significa que todos sejam usados no dia a dia dos terreiros.

É importante perceber que estão em toda parte, nos chamados três reinos, movimentando Axé.

Sangue Vermelho

Reino animal	Sangue propriamente dito.
Reino vegetal	Epô (óleo de dendê), determinados vegetais, legumes e grãos, osun (pó vermelho), mel (sangue das flores) etc.
Reino mineral	Cobre, bronze, otás (pedras) etc.

Sangue Branco

Reino animal	Sêmen, saliva, hálito plasma (em especial do ibi, tipo de caracol) etc.
Reino vegetal	Seiva, sumo, yierosun (pó claro), determinados vegetais, legumes e grãos etc.
Reino mineral	Sais, giz, prata, chumbo, otás etc.

Sangue Preto

Reino animal	Cinzas de animais.
Reino vegetal	Sumo escuro de determinadas plantas, waji (pó azul), carvão vegetal, determinados vegetais, legumes, grãos, frutos e raízes etc.
Reino mineral	Carvão, ferro, otás, areia, barro, terra etc.

Para legitimar a não utilização do corte na Umbanda, Miriam de Oxalá se vale dos estudos e de citação de Fernandez Portugal. Para a autora,

> [...] vale a pena citar de Fernandez Portugal, renomado escritor africanista, em seu livro Rezas-Folhas-Chás e Rituais dos Orixás, publicado pela Ediouro, o item 'Ossaiyn, O Senhor das Folhas': 'Segundo a tradição yorubá, sem ejé e sem folhas não há culto ao Orixá, mas <u>pode-se iniciar um Orixá apenas utilizando-se folhas, pois existem folhas que substituem o Ejé</u>.' O grifo é nosso e tais conceitos são, para nós umbandistas, bem conhecidos.

Observe-se, noutro contexto, como ecoam tanto as palavras de Portugal quanto as de Miriam de Oxalá. Para Orlando J. Santos,

> Para se fazer um EBÓ 'tudo que a boca come' é preciso ter esgotado todas as possibilidades de resolver o caso a partir das ervas: akasá, obi, orobô etc. Sabemos que obi, orobô e certas folhas, quando oferecidos aos Orixás dentro do ritual, valem por um frango, cabrito, carneiro. Portanto, em muitos casos, substitui o EJÉ, 'sangue animal'.

No Candomblé, por sua vez e ao contrário do que sustenta o senso comum, o qual associa a religião à "baixa magia", prefere-se a criação própria, mais integrada e ecológica.

A respeito do aproveitamento do elemento animal em rituais e no cotidiano do Ilê, Iya Omindarewa afirma:

> Uma parte é oferecida ao Orixá, fica aos seus pés até o dia seguinte e depois é dividida entre as pessoas da comunidade. Essa carne é cozida e preparada num ritual muito absoluto, e é totalmente aproveitada. O restante é para alimentar o povo da festa, gente da casa e os vizinhos. Tem um sentido, nada é feito à toa. É oferecida ao animal uma folha; se ele não comer não será sacrificado, pois não foi aceito pelo Orixá.

Mãe Stella de Oxóssi, quando perguntada se o século XXI corresponderia ao fim do uso de animais em rituais do Candomblé, responde:

> Mas neste século XXI o que mais tem é churrascaria! Matam-se o boi, a galinha e o carneiro para comermos. Só porque usamos animais em nossos rituais, ficam falando que deve acabar. O animal mais bem aproveitado é aquele que é morto nos rituais de Candomblé, porque se aproveita tudo: a carne, que alimenta muita gente, o couro [...].

Em síntese, nos rituais, o corte no Candomblé está associado à ceia comunal: come o Orixá e comem fiéis e convidados do mesmo prato. A base desse fundamento é a utilização do sangue (ejé, menga, axorô) para a movimentação do Axé, o que, aliás, não ocorre apenas em situações de ceia comunal, mas também em ebós, quando apenas os Orixás ou entidades comem.

Nas palavras de Iya Omindarewa,

Está na cabeça da gente que não se pode fazer o sacrifício, pegar energia de uma coisa viva e passar para outra. Admite-se comer um bom bife, uma galinha ou porco para alimentar o corpo. Mas não se admite captar a energia dos animais, das folhas, da Natureza toda para fortalecer sua cabeça. Isso não faz sentido; vamos andar descalços porque não se pode usar o couro? Não vamos comer folhas, milho, carne porque são da Natureza? E como o ser humano vai viver? A vida não é uma luta? Pega-se uma coisa pela outra e depois não retorna tudo para a terra? Isso tudo é uma grande bobagem. O sacrifício significa dar ao Orixá uma certa energia que ele devolve em troca. Tudo depende das ocasiões; não é durante toda a vida que vamos matar bichos, mas em grandes momentos, como nas Feituras, quando é necessário.

Legislação

Como visto, a Umbanda, oficialmente, nasce do brado de um Caboclo, o Caboclo das Sete Encruzilhadas.

Em memória a esse fato, vejam-se alguns importantes marcos legais para o respeito à liberdade de culto das religiões de matriz africana:

- Constituição Federal de 1988 – artigos 3º, 4º, 5º, 215 e 216;
- Lei 9.459, de 13 de maio de 1997 (injúria racial);
- Lei 10.639, de 09 de janeiro de 2003 (Obrigatoriedade da inclusão da temática História e Cultura Afro-brasileira no currículo oficial da rede de ensino.);
- Lei 10.678, de 23 de maio de 2003 (Cria a Secretaria de Políticas de Promoção da Igualdade Racial.);
- Decreto 4.886, de 20 de novembro de 2003 (Instituição da Política Nacional de Promoção da Igualdade Racial.);
- Decreto 5.051, de 19 de abril de 2004 (Promulgação da Convenção 169 da Organização Internacional do Trabalho.);

- Resolução número 1, de 17 de junho de 2004, do Conselho Nacional de Educação (Diretrizes curriculares para educação das relações étnico-raciais e para o ensino de história e cultura afro-brasileira e africana.);
- Decreto 6.040, de 07 de fevereiro de 2007 (Instituição da Política Nacional de Desenvolvimento Sustentável dos Povos e Comunidades Tradicionais.);
- Decreto 6.177, de 1º de agosto de 2007 (Promulga a Convenção sobre a Proteção e Promoção da Diversidade das Expressões Culturais da Organização das Nações Unidas para a Educação, a Ciência e a Cultura – UNESCO.);
- Portaria 992, de 13 de maio de 2009 (Instituição da Política Nacional de Saúde Integral da População Negra.);
- Decreto 6.872, de 04 de junho de 2009 (Instituição do Plano Nacional de Promoção da Igualdade Racial.);
- Lei 12.288, de 20 de julho de 2010 (Estatuto da Igualdade Racial);
- Decreto 7.271, de 25 de agosto de 2010 (Diretrizes e objetivos da Política Nacional de Segurança Alimentar e Nutricional.).
- No dia 16 de maio de 2012 foi instituído pela presidenta Dilma Rousseff o dia Nacional da Umbanda (Lei 12.644). O projeto original é do deputado federal Carlos Santana (PL 5.687/2005). A data celebra as comunicações do Caboclo das Sete Encruzilhadas, por meio de Zélio Fernandino de Moraes, numa sessão

espírita, quando o referido Caboclo anunciou sua missão seria estabelecer um culto em que espíritos de negros e índios pudessem trabalhar conforme as diretrizes do Astral. Mesmo antes da instituição da lei federal, diversas cidades brasileiras, amparadas por leis municipais, já comemoravam oficialmente a data.

Bibliografia

Livros

AFLALO, Fred. *Candomblé: uma visão do mundo*. São Paulo: Mandarim, 1996. 2ª ed.

BARBOSA JÚNIOR, Ademir. *A Bandeira de Oxalá – pelos caminhos da Umbanda*. São Paulo: Nova Senda, 2013.

_____. *Curso essencial de Umbanda*. São Paulo: Universo dos Livros, 2011.

_____. *O essencial do Candomblé*. São Paulo: Universo dos Livros, 2011.

_____. *Guia prático de plantas medicinais*. São Paulo: Universo dos Livros, 2005.

_____. *Mitologia dos Orixás: lições e aprendizados*. São Bernardo do Campo: Anúbis, 2014.

_____. *Nanã*. São Bernardo do Campo: Anúbis, 2014.

_____. *Novo Dicionário de Umbanda*. São Paulo: Nova Senda, 2014.

_____. *Obaluaê*. São Bernardo do Campo: Anúbis, 2014.

_____. *Oxumaré*. São Bernardo do Campo: Anúbis, 2014.

_____. *Para conhecer a Umbanda*. São Paulo: Universo dos Livros, 2013.

_____. *Para conhecer o Candomblé*. São Paulo: Universo dos Livros, 2013.

_____. *Reiki: A Energia do Amor*. São Paulo: Nova Senda, 2014.

_____. *Transforme sua vida com a Numerologia*. São Paulo: Universo dos Livros, 2006.

_____. *Umbanda – um caminho para a Espiritualidade*. São Bernardo do Campo: Anúbis, 2014.

_____. *Xangô*. São Paulo: Universo dos Livros, 2013.

_____. *Xirê: orikais – canto de amor aos orixás*. Piracicaba: Editora Sotaque Limão Doce, 2010.

BARCELLOS, Mario Cesar. *Os Orixás e a personalidade humana*. Rio de Janeiro: Pallas, 2007. 4ª ed.

BORDA, Inivio da Silva et al. (org.). *Apostila de Umbanda*. São Vicente: Cantinho dos Orixás, s/d.

CABOCLO OGUM DA LUZ (Espírito). *Ilê Axé Umbanda*. São Bernardo do Campo: Anúbis, 2011. Psicografado por Evandro Mendonça.

CACCIATORE, Olga Gudolle. *Dicionário de Cultos Afro-brasileiros*. Rio de Janeiro: Forense Universitária, 1977.

CAMARGO, Adriano. *Rituais com ervas: banhos, defumações e benzimentos*. Rio de Janeiro: Livre Expressão, 2013. 2ª ed.

CAMPOS JR., João de. *As religiões afro-brasileiras: diálogo possível com o cristianismo*. São Paulo: Editora Salesiana Dom Bosco, 1998.

CARYBÉ. *Iconografia dos deuses africanos no Candomblé da Bahia*. São Paulo: Editora Raízes, 1980. (Com textos de Jorge Amado, Pierre Verger e Valdeloir Rego.)

CHEVALIER, Jean e GHEERBRANT, Alain (orgs.). *Dicionário de símbolos*. Rio de Janeiro: José Olympio, 2008. Tradução: Vera da Costa e Silva et al. 22ª ed.

CIPRIANO DO CRUZEIRO DAS ALMAS (Espírito). *O Preto Velho Mago: conduzindo uma jornada evolutiva*. São Paulo: Madras, 2014. Psicografado por André Cozta.

CONGO, Pai Thomé do (Espírito). *Relatos umbandistas*. São Paulo: Madras, 2013. Anotações por André Cozta.)

CORRAL, Janaína Azevedo. *As Sete Linhas da Umbanda*. São Paulo: Universo dos Livros, 2010.

_____. *Tudo o que você precisa saber sobre Umbanda* (volumes 1, 2 e 3). São Paulo: Universo dos Livros, 2010.

FAUR, Mirella. *Mistérios nórdicos: deuses, runas, magias, rituais*. São Paulo: Pensamento, 2007.

FERAUDY, Roger. (Obra mediúnica orientada por Babajiananda/PaiTomé.) *Umbanda, essa desconhecida*. Limeira: Editora do Conhecimento, 2006. 5ª ed.

D´IANSÃ, Eulina. *Reza forte*. Rio de Janeiro: Pallas, 2008. 4 ed.

LEONEL (Espírito) e Mônica de Castro (médium). *Jurema das Matas*. São Paulo: Vida & Consciência, 2011.

LIMAS, Luís Filipe de. *Oxum: a mãe da água doce*. Rio de Janeiro: Pallas, 2007.

LINARES, Ronaldo (org.). *Iniciação à Umbanda*. São Paulo: Madras, 2008.

_____. *Jogo de Búzios*. São Paulo: Madras, 2007.

LOPES, Nei. *Enciclopédia brasileira da Diáspora Africana*. São Paulo: Selo Negro, 2004.

LOURENÇO, Eduardo Augusto. *Pineal, a glândula da vida espiritual – as novas descobertas científicas*. Limeira: Editora do Conhecimento, 2010.

MAGGIE, Yvonne. *Guerra de Orixá: um estudo de ritual e conflito*. Rio de Janeiro: Jorge Zahar Editor, 2001. 3ª ed.

MALOSSINI, Andrea. *Dizionario dei Santi Patroni*. Milano: Garzanti, 1995.

MARTÍ, Agenor. *Meus oráculos divinos: revelações de uma sibila afrocubana*. Rio de Janeiro: Bertrand Brasil, 1994. (Tradução de Rosemary Moraes.)

MARTINS, Cléo. *Euá*. Rio de Janeiro: Pallas, 2001.

_____. *Nanã*. Rio de Janeiro: Pallas, 2001.

MARTINS, Giovani. *Umbanda de Almas e Angola*. São Paulo: Ícone, 2011.

_____. *Umbanda e Meio Ambiente*. São Paulo: Ícone, 2014.

MARSICANO, Alberto e VIEIRA, Lurdes de Campos. *A Linha do Oriente na Umbanda*. São Paulo: Madras, 2009.

MOURA, Carlos Eugênio M. de (org). *Candomblé: religião do corpo e da alma*. Rio de Janeiro: Pallas, 2000.

_____. *Culto aos Orixás, Voduns e Ancestrais nas Religiões Afro-brasileiras*. Rio de Janeiro: Pallas, 2006.

MUNANGA, Kabengelê e GOMES, Nilma Lino. *Para entender o negro no Brasil de hoje: história, realidades, problemas e caminhos*. São Paulo: Global: Ação Educativa Assessoria, Pesquisa e Informação, 2004.

NAPOLEÃO, Eduardo. *Yorùbá – para entender a linguagem dos orixás*. Rio de Janeiro: Pallas, 2010.

NASCIMENTO, Elídio Mendes do. *Os poderes infinitos da Umbanda*. São Paulo: Rumo, 1993.

NEGRÃO, Lísias. *Entre a cruz e a encruzilhada*. São Paulo: Edusp, 1996.

OMOLUBÁ. *Maria Molambo na sombra e na luz*. São Paulo: Cristális, 2002. 10ª ed.

ORPHANAKE, J. Edson. *Os Pretos-Velhos*. São Paulo: Pindorama, 1994.

OXALÁ, Miriam de. *Umbanda: crença, saber e prática*. Rio de Janeiro: Pallas, 2007. 2ª ed.

PARANHOS, Roger Bottini (Ditado pelo espírito Hermes.). *Universalismo crístico*. Limeira: Editora do Conhecimento, 2007.

PIACENTE, Joice (médium). *Dama da Noite*. São Paulo: Madras, 2013.

_____. *Sou Exu! Eu sou a Luz*. São Paulo: Madras, 2013.

PINTO, Altair. *Dicionário de Umbanda*. Rio de Janeiro: Livraria Editora Eco, 1971.

PIRES, Edir. *A Missionária*. Capivari: Editora EME, 2006.

PORTUGAL FILHO, Fernandez. *Magias e oferendas afro-brasileiras*. São Paulo: Madras, 2004.

PRANDI, Reginaldo. *Mitologia dos Orixás*. São Paulo: Companhia das Letras, 2001.

RAMATÍS (Espírito) e PEIXOTO, Norberto (médium). *Chama crística*. Limeira: Editora do Conhecimento, 2004. 3ª ed.

_____. *Diário mediúnico*. Limeira: Editora do Conhecimento, 2009.

_____. *Evolução no Planeta Azul*. Limeira: Editora do Conhecimento, 2005. 2ª ed.

_____. *Mediunidade e sacerdócio*. Limeira: Editora do Conhecimento, 2010.

_____. *A Missão da Umbanda*. Limeira: Editora do Conhecimento, 2006.

_____. *Umbanda de A a Z*. Limeira: Editora do Conhecimento, 2011. (Org.: Sidnei Carvalho.)

_____. *Umbanda pé no chão*. Limeira: Editora do Conhecimento, 2005.

_____. *Vozes de Aruanda*. Limeira: Editora do Conhecimento, 2005. 2ª ed.

RIBEIRO, Darcy. *O povo brasileiro: a formação e o sentido do Brasil.* São Paulo: Companhia das Letras, 1995. 2ª ed.

RISÉRIO, Antonio. *Oriki Orixá.* São Paulo: Perspectiva, 1996.

RUDANA, Sibyla. *Os mistérios de Sara: o retorno da Deusa pelas mãos dos ciganos.* São Paulo: Cristális, 2004.

SAMS, Jamie. *As cartas do caminho sagrado.* Rio de Janeiro: Rocco, 2003. (Tradução de Fabio Fernandes.)

SALES, Nívio Ramos. *Búzios: a fala dos Orixás.* Rio de Janeiro: Pallas, 2005. 2ª ed.

SANTANA, Ernesto (Org.). *Orações umbandistas de todos os tempos.* Rio de Janeiro: Pallas, 2006. 4ª ed.

SANTOS, Orlando J. *Orumilá e Exu.* Curitiba, Editora Independente, 1991.

SARACENI, Rubens. *Rituais umbandistas: oferendas, firmezas e assentamentos.* São Paulo: Madras, 2007.

SELJAN, Zora A. O. *Iemanjá: Mãe dos Orixás.* São Paulo: Editora Afro-brasileira, 1973.

SILVA, Carmen Oliveira da. *Memorial Mãe Menininha do Gantois.* Salvador: Ed. Omar G., 2010.

SILVA, Vagner Gonçalves da. *Candomblé e Umbanda: caminhos da devoção brasileira.* São Paulo: Ática, 1994.

SOUZA, Leal de. *O Espiritismo, A Magia e As Sete Linhas de Umbanda.* Limeira: Editora do Conhecimento, 2008. 2ª ed.

_____. *Umbanda Sagrada.* São Paulo: Madras, 2006. 3ª ed.

SOUZA, Marina de Mello. *África e Brasil Africano.* São Paulo: Ática, 2008.

SOUZA, Ortiz Belo de. *Umbanda na Umbanda.* São Paulo: Editora Portais de Libertação, 2012.

TAQUES, Ivoni Aguiar (Taques de Xangô). *Ilê-Ifé: de onde viemos.* Porto Alegre: Artha, 2008.

TAVARES, Ildásio. *Xangô*. Rio de Janeiro: Pallas, 2002. 2ª ed.

VVAA. *Educação Ambiental e a Prática das Religiões de Matriz Africana.* Piracicaba, 2011. (cartilha)

VVAA. *Orientações e Ações para a Educação das Relações Étnico-Raciais.* Brasília: SECAD, 2006.

VVAA. *Plano Nacional de Desenvolvimento Sustentável dos Povos e Comunidades Tradicionais de Matriz Africana 2013-2015.* Brasília: Secretaria de Políticas de Promoção da Igualdade Racial, 2013.

VERGER, Pierre. *Orixás – deuses iorubás na África e no Novo Mundo.* Salvador: Corrupio, 2002. (Tradução de Maria Aparecida da Nóbrega.) 6ª ed.

WADDELL, Helen (tradução). *Beasts and Saints.* London: Constable and Company Ltd., 1942.

Jornais e revistas

A sabedoria dos Orixás – volume I, s/d.
Folha de São Paulo, 15 de julho de 2011, p. E8.
Jornal de Piracicaba, 23 de janeiro de 2011, p. 03.
Revista Espiritual de Umbanda – número 02, s/d.
Revista Espiritual de Umbanda – Especial 03, s/d.
Revista Espiritual de Umbanda – número 11, s/d.

Sítios na internet

http://alaketu.com.br
http://aldeiadepedrapreta.blogspot.com
http://answers.yahoo.com

http://apeuumbanda.blogspot.com
http://babaninodeode.blogspot.com
http://catolicaliberal.com.br
http://centropaijoaodeangola.net
http://colegiodeumbanda.com.br
http://comunidadeponteparaaliberdade.blogspot.com.br
http://espaconovohorizonte.blogspot.com.br/p/aumbanda-umbanda-esoterica.html
http://eutratovocecura.blogspot.com.br
http://fogoprateado-matilda.blogspot.com.br
http://umbandadejesus.blogspot.com.br
http://fotolog.terra.com.br/axeolokitiefon
http://jimbarue.com.br
http://juntosnocandomble.blogspot.com
http://letras.com.br
http://luzdivinaespiritual.blogspot.com.br
http://mundoaruanda.com
http://ocandomble.wordpress.com
http://ogumexubaraxoroque.no.comunidades.net
http://okeaparamentos.no.comunidades.net
http://opurgatorio.com
http://orixasol.blogspot.com
http://oyatopeogumja.blogspot.com
http://povodearuanda.blogspot.com
http://povodearuanda.com.br
http://pt.fantasia.wikia.com
http://pt.wikipedia.org
http://religioesafroentrevistas.wordpress.com
http://templodeumbandaogum.no.comunidades.net
http://tuex.forumeiros.com

http://xango.sites.uol.com.br
http://www1.folha.uol.com.br
http://www.brasilescola.com
http://www.desvendandoaumbanda.com.br
http://www.dicio.com.br
http://www.genuinaumbanda.com.br
http://www.guardioesdaluz.com.br
http://www.igrejadesaojorge.com.br
http://www.ileode.com.br
http://www.kakongo.kit.net
http://www.maemartadeoba.com.br
http://www.oldreligion.com.br
http://www.oriaxe.com.br
http://www.orunmila.org.br
http://www.pescanordeste.com.br
http://www.priberam.pt
http://www.religiosidadepopular.uaivip.com.br
http://www.siteamigo.com/religiao
http://www.terreirodavobenedita.com
http://www.tuccaboclobeiramar.com.br

O autor

Ademir Barbosa Júnior (Dermes) é autor de diversos livros e revistas especializadas, idealizador e um dos coordenadores do Fórum Municipal das Religiões Afro-brasileiras de Piracicaba.

Mestre em Literatura Brasileira pela Universidade de São Paulo, onde também se graduou em Letras, é autor de diversos livros. Mestre em Reiki, é tarólogo e numerólogo.

Umbandista, é filho do Templo de Umbanda Caboclo Pena Branca e Mãe Nossa Senhora Aparecida, em Piracicaba (SP). Terapeuta holístico, ex-seminarista salesiano, com vivência em casas espíritas, participa amorosamente do diálogo ecumênico e inter-religioso e mantém uma coluna sobre Espiritualidade no sítio Mundo Aruanda.

Coordenador Cultural do "Projeto Tambores no Engenho", desenvolvido pela Federação de Umbanda e Candomblé Mãe Senhora Aparecida e pelo Templo de Umbanda Caboclo Pena Branca e Mãe Nossa Senhora Aparecida, acredita que a postura mais interessante na vida é a de aprendiz. É membro da 1ª gestão do Conselho de Participação e Desenvolvimento da Comunidade Negra de Piracicaba, tendo participado da comissão responsável pela implementação do mesmo. Produziu os curtas-metragens "Águas da Oxum" (Adjá Produções/fora de catálogo); "Mãe dos Nove Céus" (Bom Olhado Produções), "Mãe dos Peixes, Rainha do Mar" (Bom Olhado Produções) e "Xangô" (Bom Olhado Produções).

Coordena o curso virtual "Mídia e Religiosidade Afro-brasileira" (EAD Cobra Verde – Florianópolis – SC). Em 2012 recebeu o Troféu Abolição (Instituto Educacional Ginga – Limeira, SP). Em 2013, o Diploma Cultura de Paz – Categoria Diálogo Inter-religioso (Fundação Graça Muniz – Salvador, BA). É presidente da Associação Brasileira de Escritores Afro-religiosos – Abeafro.

Outras publicações

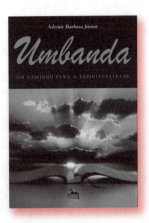

UMBANDA – UM CAMINHO PARA A ESPIRITUALIDADE

Ademir Barbosa Júnior (Dermes)

Este livro traz algumas reflexões sobre a Espiritualidade das Religiões de Matriz Africana, notadamente da Umbanda e do Candomblé. São pequenos artigos disponibilizados em sítios na internet, notas de palestras e bate-papos, trechos de alguns de meus livros.

Como o tema é amplo e toca a alma humana, independentemente de segmento religioso, acrescentei dois textos que não se referem especificamente às Religiões de Matriz Africana, porém complementam os demais: "Materialização: fenômeno do algodão" e "Espiritualidade e ego sutil".

Espero que, ao ler o livro, o leitor se sinta tão à vontade como se pisasse num terreiro acolhedor.

Formato: 16 x 23 cm – 144 páginas

Outras publicações

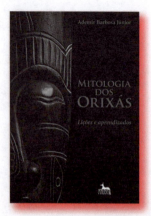

MITOLOGIA DOS ORIXÁS – LIÇÕES E APRENDIZADOS
Ademir Barbosa Júnior (Dermes)

O objetivo principal deste livro não é o estudo sociológico da mitologia iorubá, mas a apresentação da rica mitologia dos Orixás, que, aliás, possui inúmeras e variadas versões.

Não se trata também de um estudo do Candomblé ou da Umbanda, embora, evidentemente, reverbere valores dessas religiões, ditas de matriz africana.

Foram escolhidos alguns dos Orixás mais conhecidos no Brasil, mesmo que nem todos sejam direta e explicitamente cultuados, além de entidades como Olorum (Deus Supremo iorubá) e as Iya Mi Oxorongá (Mães Ancestrais), que aparecem em alguns relatos.

Formato: 16 x 23 cm – 144 páginas

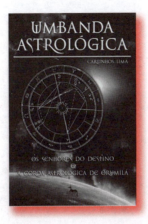

UMBANDA ASTROLÓGICA – OS SENHORES DO DESTINO E A COROA ASTROLÓGICA DE ORUMILÁ

Carlinhos Lima

Este livro trata-se de uma visão do horóscopo zodiacal sobre o prisma da Umbanda, da mesma forma que é uma visão do orixá por meio do saber astrológico. Mas, além dessa interação Umbanda-Astrologia, o livro também foca e revela outros oráculos, especialmente os mais sagrados para os cultos afro-brasileiros que são o Ifá e Búzios. Nesse contexto oracular, trazemos capítulos que falam de duas técnicas inéditas de como adentrar o mundo dos odus, utilizando o zodíaco: a primeira é a Ifástrologia que utiliza-se das casas astrológicas do Horóscopo para alinhar os odus e chegarmos a odus que são responsáveis por nossa existência. E a outra é a soma dos odus utilizando a data de nascimento.

Formato: 16 x 23 cm – 256 páginas

Outras publicações

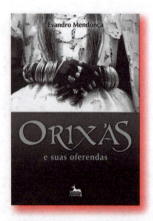

ORIXÁS E SUAS OFERENDAS
Evandro Mendonça

Esta Obra é mais um trabalho do autor, destinada a futuros Babalorixás, Ialorixás, Babalaôs, Pais, Mães e Zeladores de Santos etc. que têm a ânsia, a força de vontade e o direito de aprender os fundamentos religiosos das nações africanas dos Orixás praticadas em solo brasileiro – muitas vezes por egoísmo, falta de conhecimento ou até mesmo para que os futuros Babalorixás, Ialorixás, Babalaôs, Pais, Mães e Zeladores de Santos etc. não fiquem na dependência religiosa do seu feitor, Baba e até mesmo do templo religioso, pois o mesmo acaba não transmitindo todos os seus conhecimentos a seus sucessores.

Dentro da religião africana não existem trabalhos, rituais, magias, oferendas e segredos que não possam ser transmitidos a esses futuros religiosos.

Formato: 16 x 23 cm – 176 páginas

ORIXÁS – SEGURANÇAS, DEFESAS E FIRMEZAS

Evandro Mendonça

Caro leitor, esta é mais uma obra que tem apenas o humilde intuito de somar a nossa Religião Africana. Espero com ela poder compartilhar com meus irmãos e simpatizantes africanistas um pouco mais daquilo que vi, aprendi e escutei dos mais antigos Babalorixás, Yalorixás e Babalaôs, principalmente do meu Babalorixá Miguel da Oyá Bomí. São ensinamentos simples, antigos, porém repletos de fundamento e eficácia na Religião Africana; alguns até mesmo já esquecidos e não mais praticados nos terreiros devido ao modernismo dos novos Babalorixás e Yalorixás e suas vontades de mostrar luxúrias, coisas bonitas e fartas para impressionar os olhos alheios.

Formato: 16 x 23 cm – 192 páginas

Dúvidas, sugestões e esclarecimentos
E-mail: ademirbarbosajunior@yahoo.com.br

Distribuição exclusiva

www.aquarolibooks.com.br